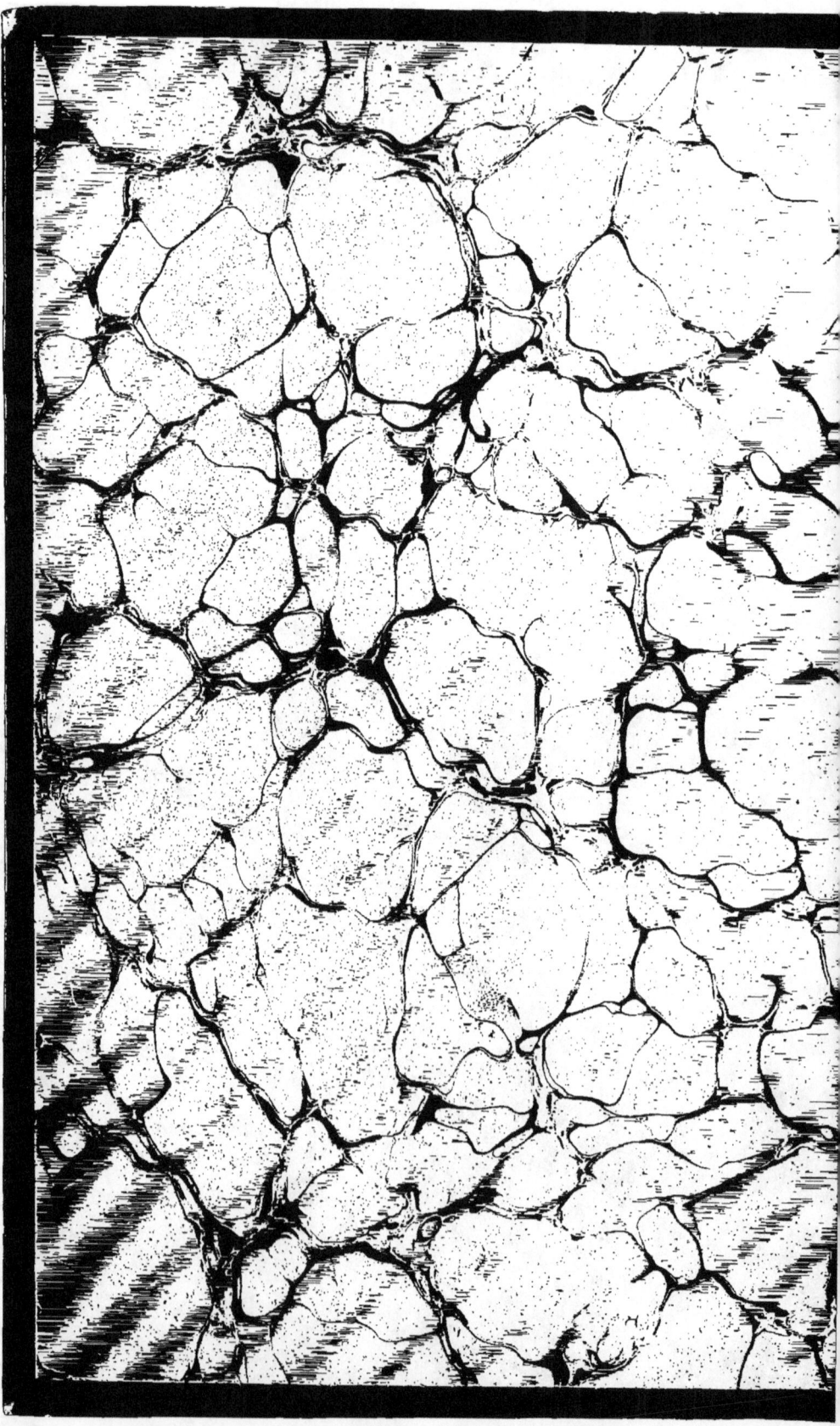

DOCUMENTS PARISIENS

SUR

L'ICONOGRAPHIE DE SAINT LOUIS

LE PUY. — IMPRIMERIE DE MARCHESSOU FILS

DOCUMENTS PARISIENS

SUR

L'ICONOGRAPHIE DE S. LOUIS

PUBLIÉS

PAR

AUGUSTE LONGNON

D'APRÈS UN MANUSCRIT DE PEIRESC

CONSERVÉ A LA BIBLIOTHÈQUE DE CARPENTRAS

A PARIS

Chez H. CHAMPION

Libraire de la Société de l'Histoire de Paris

Quai Malaquais, 15

1882

DOCUMENTS PARISIENS

SUR

L'ICONOGRAPHIE DE SAINT LOUIS

La première partie du volume X des manuscrits de Peiresc, conservés à la bibliothèque de Carpentras, renferme les documents que ce savant avait réunis sur l'histoire de Louis IX et qu'il a intitulés : *Mémoires pour la vie de saint Louis* [1]. Ces documents, dont on trouvera l'indication au tome II du Catalogue dressé par M. Lambert [2] de la bibliothèque à laquelle ils appartiennent, sont d'une valeur inégale. La moitié environ, consistant en extraits de chroniques ou de manuscrits relatifs au saint roi, n'a plus pour les érudits de notre époque, qui peuvent consulter en imprimé l'ensemble presque complet des textes historiques du XIIIe siècle, le même intérêt qu'ils offraient aux érudits du temps de Henri IV et de Louis XIII. L'autre moitié, au contraire, intéressera non moins vivement nos contemporains qu'elle n'avait intéressé Peiresc luimême : elle renferme une série de précieux documents relatifs à l'iconographie de saint Louis, qui paraissent avoir échappé, depuis plus de deux siècles, à l'attention des érudits, et que, en raison de leur importance historique et de leur provenance parisienne, la Société de l'histoire de Paris s'empresse de mettre au jour [3].

La source à laquelle Peiresc a emprunté les éléments de son recueil iconographique sur saint Louis est triple : ce recueil, en effet, se com-

---

1. Ces mémoires occupent les feuillets 1 à 117 du manuscrit qui renferme ensuite les documents sur Reims et sur Jeanne d'Arc qu'avait réunis Peiresc.
2. *Catalogue descriptif et raisonné de la bibliothèque de Carpentras*, t. II, pp. 45-46.
3. La reproduction des documents iconographiques réunis par Peiresc a été confiée à M. Dujardin. Nous tenons à le noter ici, car, par suite d'un oubli de l'imprimeur chargé du tirage, le nom de cet héliograveur éprouvé ne figure pas sur les planches exécutées sous son habile direction.

pose des peintures du monastère des Cordelières de Lourcines, de celles de l'église basse de la Sainte-Chapelle, enfin des miniatures du Livre d'heures de Jeanne II, reine de Navarre.

I

Le couvent des Cordelières ou sœurs Mineures de Sainte-Claire fut établi en 1289, à 1,250 mètres au sud de la porte Bordel et du mur d'enceinte de Paris, au village de Lourcines, par la reine Marguerite, veuve de saint Louis. Cette princesse, grand'mère du roi Philippe le Bel alors régnant, vivait retirée dans une maison contiguë au nouveau monastère : elle y mourut six ans après (1295), laissant aux religieuses sa demeure dont elle réserva la jouissance à sa fille Blanche, veuve, depuis 1275, de l'infant Don Fernando de Castille. L'église des Cordelières, commencée par la reine Marguerite, fut achevée par Blanche dont la vie se prolongea jusqu'au 22 juin 1320 [1].

C'est évidemment par ordre de Blanche, fille de Louis IX, que fut exécutée une suite de quatorze peintures représentant la Vie du saint roi et dont Peiresc a laissé, écrite de sa main, une description [2] qu'accompagne une feuille de croquis à la plume dus à un artiste flamand ou allemand [3], un ami de Peiresc sans doute. Les croquis, qui reproduisent la disposition générale et quelques détails du deuxième et du troisième tableau de la série, ne donnent pas, à la vérité, tout au moins dans la figure du sultan d'Egypte, l'idée d'une œuvre remontant au début du xive siècle, mais cette date résulte visiblement de la langue dans laquelle sont écrites les légendes des peintures du couvent des Cordelières.

Les peintures de la Vie de saint Louis ne sont mentionnées, aux xviie et xviiie siècles, par aucun des auteurs qui, dans leurs écrits sur Paris, ont consacré quelques lignes ou quelques pages aux Cordelières de Lourcines; mais il n'y a pas lieu de s'en étonner, car les œuvres naïves des artistes du moyen âge n'attiraient alors l'attention que de bien rares privilégiés.

---

1. Jaillot, *Recherches sur Paris*, tome IV, quartier de la place Maubert, pp. 75-80.
2. Cette description occupe les feuillets 15 et 16 du ms. X de Carpentras. On la trouvera reproduite plus loin, pp. 13-20.
3. La nationalité de l'artiste résulte de sa manière d'écrire le mot « bleu » (*blu* et *plu*) dans les quelques mots de légende ou de renvoi qui figurent sur la feuille de croquis et dont on trouvera plus loin la transcription. — Le feuillet 69 du ms. de Carpentras où se trouvent ces croquis mesure un peu plus de 45 centimètres de largeur sur 29 1/2 de hauteur; notre reproduction est donc à peu près au tiers de l'original.

Ajoutons qu'il est inutile de rechercher aujourd'hui quelque trace de ces peintures; le couvent des Cordelières fut vendu en 1796 et son emplacement est occupé aujourd'hui par la rue Julienne, la rue Pascal et un hôpital établi en 1836 pour les femmes atteintes de maladies vénériennes [1].

Notre planche I reproduit les croquis de l'artiste flamand ou allemand qui, vers le bas de la feuille, du côté droit, a fait, à la mine de plomb, une étude plus développée de la tête du sultan. Les quatre lignes d'écriture, qu'on voit à la droite de cette étude, sont une reproduction, réduite par la photographie, de l'indication de provenance que Peiresc avait notée au revers du croquis; elles seules nous ont permis de localiser les quatorze peintures dont la description, faite par l'érudit magistrat, n'est accompagnée d'aucun titre.

II

C'est à l'autel de l'église basse de la Sainte-Chapelle de Paris, suivant une note de Peiresc [2], qu'appartenaient les quatre tableaux dont nos planches III, IV, V et VI donnent la reproduction d'après les aquarelles ou plutôt les dessins coloriés du manuscrit de Carpentras. Les quatre scènes qui y sont représentées : saint Louis captif [3], saint Louis lavant les pieds aux pauvres [4], saint Louis recevant la discipline des mains de son confesseur [5], saint Louis donnant à manger à un religieux lépreux [6], formaient aussi le sujet, traité presque exactement de même, des tableaux II, XII, IX et V de la Vie peinte aux Cordelières [7].

Le dessinateur, qui exécuta pour Peiresc la copie des peintures de la Sainte-Chapelle, n'était pas un artiste aussi habile, sans doute, que le Flamand ou l'Allemand auquel on doit les croquis des Cordelières, mais

---

1. Lebeuf, *Histoire de la ville et du diocèse de Paris*, édition Cocheris, t. II, p. 741.
2. Cette note, ainsi conçue : « De l'autel qui est en la basse eglise de la « Sainte Chapelle », se trouve tout à fait au bas du f° 81 consacré au tableau de saint Louis et du religieux lépreux. Nous ignorons sur quoi se fonde M. Lambert (*Catal. descript. et raisonné de la biblioth. de Carpentras*, t. II, p. 46), lorsqu'il dit que les peintures de la vie de saint Louis sont « à la base de « l'autel qui est en la basse église de la Sainte-Chapelle. » Le consciencieux bibliothécaire a évidemment interprété ici la note de Peiresc.
3. Ms. X de Carpentras, f° 76 v°.
4. *Ibid.*, f° 77 r°.
5. *Ibid.*, f° 79 r°.
6. *Ibid.*, f° 81 r°.
7. Voyez plus loin, pp. 13, 19, 17 et 16.

il a plus que celui-ci le sentiment archéologique, et l'on doit reconnaître chez lui l'intention de suivre fidèlement son modèle, bien qu'il ait donné une physionomie bien moderne — au sens artistique s'entend — à plusieurs des personnages en face desquels se trouve saint Louis.

Il ne paraît point difficile de déterminer l'époque à laquelle appartiennent les peintures de la Sainte-Chapelle : les costumes ne permettent pas de les croire postérieurs au xive siècle, et si la barbe que portent saint Louis et quelques autres personnages fait tout d'abord songer au milieu de cette période, on est bientôt forcé de reconnaître que la courte barbe du saint roi n'est pas une adaptation à la figure de ce prince de la barbe portée par les contemporains du roi Jean [1]. Et, en effet, dès les vingt premières années du xive siècle, c'est-à-dire au temps de Philippe le Bel et de ses fils, on représentait ordinairement saint Louis avec une barbe courte [2] : or, la mode n'étant pas telle alors, l'auteur n'a pu, dans l'espèce, être influencé par elle; d'autre part, les personnes qui avaient intimement connu saint Louis — et il en existait encore un certain nombre au temps de Louis Hutin et de Philippe le Long [3] — se seraient certainement récriées à la vue d'un travestissement aussi grave de la figure royale. On est ainsi amené à voir dans le saint Louis barbu un type traditionnel accepté dès l'an 1316, type inspiré probablement par le souvenir du saint Louis d'entre les deux croisades, de 1254 à 1270 :

---

1. Le continuateur de Guillaume de Nangis rapporte à l'année 1340 la mode générale des barbes longues : « Barbas longas omnes viri, ut in pluribus, nutrire ceperunt. » (Édition Géraud, t. II, p. 185.) « Cette mode nouvelle coïncida avec celle des vêtements et des cheveux courts; mais, selon Viollet-le-Duc, cette mode ne fut pas de longue durée, ni suivie par toute la noblesse. Les barbes étaient pointues, coupées ras des tempes au coin de la bouche, les moustaches courtes et se mariant avec la barbe. » (Viollet-le-Duc, *Dictionnaire du mobilier*, t. III, p. 218. Cf. Jules Quicherat, *Histoire du costume en France*, p. 228.)

2. Voyez, notamment, le portrait de saint Louis peint au registre JJ 57 des Archives nationales (Trésor des chartes) qui date de 1316 (il a été reproduit en 1855 dans le tome XXI du *Recueil des historiens de France*, p. 1, en 1874 dans l'édition illustrée du *Joinville* de M. de Wailly, p. 509, et en 1878 dans l'édition illustrée du *saint Louis*, p. 40) et les nombreuses miniatures du ms. français 5716 de la Bibliothèque nationale (Vie de saint Louis, par le confesseur de la reine Marguerite) exécuté, vers 1320, pour quelque membre de la famille royale. Un ms. des Chroniques de Saint-Denis, qui a appartenu à Charles V et qui est aujourd'hui conservé à la bibliothèque Sainte-Geneviève, renferme aussi un portrait de saint Louis barbu; il a été gravé en 1878 dans l'édition illustrée du *saint Louis*, de M. Wallon (p. 460).

3. Entre autres, Joinville, dont la vie se prolongea jusqu'en 1319 et, parmi les enfants de saint Louis, Robert, comte de Clermont, mort en 1318, Blanche, morte en 1320, et Agnès, duchesse de Bourgogne, morte seulement en 1327.

peut-être Louis IX, qui consacrait un temps assez long aux pratiques d'une piété sincère, avait-il renoncé à se faire raser journellement ; peut-être portait-il déjà la barbe en Egypte et en Syrie, dans ces contrées d'Orient où elle a toujours été fort en honneur. Au reste, les tableaux de l'église basse de la Sainte-Chapelle représentent saint Louis dans les dernières années de sa vie, alors, comme le dit M. G. Le Breton parlant d'autres monuments, « alors que les souffrances et les an-« nées avaient altéré les traits de son visage, modifié encore par la barbe « qu'il aurait laissé croître [1]. » Il faut d'ailleurs, à notre avis, se préoccuper médiocrement du désaccord qui existerait entre le fait de saint Louis barbu et ce que les historiens du costume nous apprennent de la barbe au xiiie siècle. Ne répète-t-on pas, en se fondant sur l'étude des sceaux, que la mode de la barbe était passée à la fin du xiie siècle [2] ? Et, cependant, si les sceaux représentent dès lors le roi Philippe-Auguste imberbe, les paroles de certains chroniqueurs indiquent que ce prince portait des moustaches [3] *(gernons)*, voire même toute la barbe [4].

C'est dire assez clairement qu'il ne nous semble pas impossible de reculer la composition des peintures de la Sainte-Chapelle aux vingt premières années du xive siècle, c'est-à-dire à la même époque que celle des Cordelières. Et alors on aurait quelque chance d'avoir une image réelle de saint Louis dans la tête royale (planche II) que le dessinateur employé par Peiresc a tiré du tableau du Lavement des pieds, pour la reproduire, semble-t-il, à la grandeur de l'original [5]. C'était d'ailleurs la

---

1. Cf. Le Breton, *Essai iconographique sur saint Louis* (Paris, Aubry, 1880), pp. 27-28.
2. « Raccourcie chez Louis VI, dit M. Demay (*Le costume au moyen âge d'après les sceaux*, p. 79), elle paraît rasée chez Louis VII, l'est complètement « chez Philippe-Auguste et tous les autres souverains, jusqu'à l'avènement de « Henri II. » Cf. Quicherat, *Histoire du costume en France*, p. 192.
3. Philippe Mousket, qui écrivait sa chronique rimée vers 1240, parle des moustaches légèrement rousses de Philippe-Auguste : « Felippres, ses fius premerains, || xliiii ans rois fait cis. || A la Gonnesse fut nouris. || S'ot non Felippes de Gonnesse. || Moult ot la ciere felenesse, || Grans et biaus fu, et drois et lons, || S'ot i poï rousais les giernons. » (Édition Reiffenberg, vers 19154-19161.)
4. Voir, dans une Chronique des premières années du xive siècle (c'est la chronique présentée au roi Philippe le Long par Gilles, abbé de Saint-Denis, le récit de la vision qu'un chevalier siennois du nom de Jacques, eut, au moment de la mort de ce prince, en 1223, et où il est représenté comme un homme barbu, au visage long et un peu rouge : « Quendam barbatum, longa facie « aliquantulum rubea. » (Du Chesne, *Historiæ Francorum scriptores*, t. V, p. 261.)
5. Cette tête, dans le dessin du recueil de Peiresc, est altérée par une triple tache que, sur l'avis de M. Dujardin, nous avons laissé subsister dans notre reproduction, de peur d'enlever quelque chose au modelé du nez et de la joue

pensée d'un érudit du xvııe siècle, Vyon d'Hérouval [1], qui, ne se rendant pas compte que cette tête était extraite d'un tableau, remarquait l'attitude penchée du saint roi, rapprochait ce fait d'une anecdote qu'on lit dans Thomas de Cantipré [2], et trouvait là une raison de croire que c'était le « véritable portrait » de Louis IX.

Aucune description de la Sainte-Chapelle ne mentionne les peintures de la Vie de saint Louis que nous a conservées Peiresc et qui, selon une note succincte écrite de la main de ce savant éminent, étaient « de l'autel qui est en la basse église de la Sainte-Chapelle. » Faisaient-elles partie d'un rétable ? C'est ce qu'il est peut-être impossible de déterminer aujourd'hui, car il ne paraît pas qu'on puisse tirer quelque lumière, pour ce sujet, soit de ce que les Archives nationales conservent des archives de la Sainte-Chapelle, soit des notes recueillies par les architectes chargés de la restauration de l'élégant édifice. M. Boeswillwald, qui a succédé à M. Viollet-le-Duc dans la direction des travaux, a bien voulu nous dire, lorsque nous lui avons communiqué les dessins de la collection Peiresc, qu'il espérait utiliser ces précieux documents dans la décoration de l'église basse.

Nous terminerons ce paragraphe en donnant les dimensions exactes des dessins exécutés pour Peiresc et que nous avons dû faire réduire des deux tiers environ.

---

1. « J'avés oublié, » dit Vyon d'Hérouval dans une lettre adressée le 1er mai 1655 à M. du Breul, à Port-Royal, « j'avés oublié par ma derniere de vous ren- « dre raison de ce que vous m'avés demandé touchant un portraict de saint « Louis. J'en ay veu dans un registre de M. de Peiresc, qui contient quelques « particularités de ce saint. Je vous l'ay autrefois envoié. Je croi que celui-ci « est son veritable portraict. Il penche la teste. Vous aurés remarqué ceste ac- « tion de ce saint roy dans Thomas de Cantipré au recit qu'il fait de ce qui « arriva à celuy qui s'en vouloit moquer devant le duc de Gueldres. » Nous devons à l'obligeance de M. Delisle la connaissance de ce passage de la lettre de Vyon d'Hérouval qui fait maintenant partie d'un exemplaire du Joinville, de Claude Menard (publiée en 1607), appartenant à M. le comte Riant.

2. Voici l'anecdote telle que Victor Le Clerc (*Histoire littéraire de la France*, t. XXIII, p. 159) la traduit d'après Cantipré (*Bonum universale de apibus*, l. II, c. LVII, § 63), lequel mourut en 1272. Nous y joignons les expressions même de Thomas en ce qui concerne la personne de saint Louis : « Un des plus nobles comtes de la Germanie, Othon comte de Gueldre, avait expédié avec une lettre un courrier pour Paris. A son retour, le comte lui demanda s'il avait vu le roi de France, Louis. « Oui, répond le courrier en faisant des contorsions et des « grimaces, j'ai vu ce misérable roi papelard, le cou tors et le capuchon sur « l'épaule. » Il voulut, en parlant, contrefaire cette attitude, et il resta le cou tors toute sa vie. » — « Vidi, inquit, vidi illum miserum papellardum regem, « caputium habentem capitis super scapulam ex adverso suspensum. » Hæc dicens, faciens contorsit ex adverso, et sic facies contorta remansit. »

Tête de saint Louis : hauteur, 0ᵐ190 ; largeur, 0ᵐ253. ¹
Saint Louis captif : hauteur, 0ᵐ168 ; largeur, 0ᵐ240.
Saint Louis lavant les pieds aux pauvres : hauteur, 0ᵐ164 ; largeur, 0ᵐ213.
Saint Louis recevant la discipline : hauteur, 0ᵐ155 ; largeur, 0ᵐ247.
Saint Louis donnant à manger à un religieux lépreux : hauteur, 0ᵐ164 ; largeur, 0ᵐ241.

Si l'on suppose, ce qui semble assez probable, que la tête de saint Louis, extraite du second des tableaux de la Sainte-Chapelle, a été reproduite à la grandeur de l'original, on sera amené à penser que le tableau du Lavement des pieds a été reproduit par le dessinateur au vingt-cinquième de l'original, mesurant, par conséquent, quelque chose comme 80 centimètres de hauteur sur 1ᵐ06 de largeur.

III

La troisième source à laquelle ont été puisés les documents iconographiques sur saint Louis est le livre d'heures de Jeanne II, reine de Navarre, fille de Louis Hutin, roi de France et de Navarre, et de Marguerite de Bourgogne, sa première femme.

Ce manuscrit, dont on ignore la destinée actuelle, était, en 1621, aux mains des Cordelières de Lourcines qui le communiquèrent à Peiresc par l'intermédiaire de Charles du Lis, l'arrière-neveu de Jeanne d'Arc. Il fut exécuté vers 1330 ² et, semble-t-il, par ordre du roi Philippe de Valois ou de sa femme la reine Jeanne de Bourgogne, tante maternelle de la destinatrice, la reine de Navarre : on peut, du moins, l'induire d'une miniature (planche XI) qui représente le roi, la reine de France, leur fils le prince Jean et deux personnes de leur suite agenouillés devant l'autel de la Sainte-Chapelle, leur chapelle royale, garni de la grande châsse.

Selon la minutieuse et excellente description qu'en a laissée Peiresc, et qui, formant un cahier du manuscrit X de Carpentras, en a été détaché et détourné par le fameux Libri, dans le cabinet duquel on l'a reprise en 1848 ³, ce livre d'heures débutait par un calendrier historié

---

1. Ces dernières dimensions sont celles de la feuille où a été dessinée, sans encadrement, la tête de saint Louis.
2. Cette date résulte, à notre avis, de l'étude de la planche XI dont on trouvera plus loin (p. 37) la description.
3. Lambert, *Catalogue descriptif et raisonné de la bibliothèque de Carpentras*, t. II, p. 46. Ce cahier, qui comprend les feuillets 58 à 65 du volume X de Peiresc, a été renvoyé à la bibliothèque de Carpentras ; mais il n'a pas été réintégré

dont les calendriers de plusieurs autres manuscrits de même nature, exécutés de 1360 à 1409 [1], peuvent donner une idée assez exacte, car ils paraissent dériver, sinon de celui-ci, du moins d'une source commune.

Dans la partie supérieure de chacune des pages consacrées aux douze mois de l'année, est représenté un édifice crénelé qui, suivant le commentaire d'un des miniaturistes qui ont eu à exécuter cette ornementation, représente successivement les douze portes de la Jérusalem céleste [2]. Au haut de l'édifice, la Vierge tient une bannière bleue sur

---

dans le volume auquel il appartenait, l'administration voulant conserver la trace des détournements criminels de Libri. Il y a peut-être là un fait regrettable pour les études : en effet, n'ayant pas tout d'abord connaissance de la mutilation du manuscrit, nous avons failli publier les documents réunis par Peiresc en faisant force conjectures, d'ailleurs confirmées pour la plupart, sur l'origine des sujets du livre d'heures de la reine de Navarre.

1. Ce sont : 1º le tome Ier du bréviaire de Belleville (Biblioth. nat., fonds latin, nº 10483), exécuté, selon toute apparence, pour Olivier de Clisson, seigneur de Belleville, vers le début du règne de Charles V (malheureusement les feuillets consacrés aux dix premiers mois de l'année n'existent plus)'; 2º un livre d'heures du duc d'Anjou, cousin germain de Charles VI, en date de 1390 (Biblioth. nat. fonds latin, nº 919); 3º un livre d'heures exécuté pour le duc de Berry, oncle de Charles VI, en 1409 (Bibl. nat., fonds latin, nº 18014).

2. Ce commentaire intitulé : *L'Exposition des ymages des figures qui sunt u kalendrier et u sautier, et est proprement l'acordance du Vieil Testament et du Novel*, a été publié en 1875 par M. Marcel de Fréville dans les *Nouvelles archives de l'art français* (années 1874-1875, p. 144 et ss.). Nous en reproduisons ici le début comme complément de la Notice de Peiresc sur ce livre d'heures de la reine de Navarre :

« Premierement sont les Apostres qui sont executeurs du Nouvel Testament, « qui cueillent les clauses du Viel Testament oscurement bailliées, et les des-« cuevrent et desclairent, et en font les articles de la foy; si que en chascun des « XII mois à I des XII Apostres et I des XII Prophetes, en tel maniere que le « Prophete baille à l'Apostre une prophetie envelopée, et l'Apostre la descue-« vre et en fait un article. Et, pour ce que de la Synagoge, qui fu ou temps « de l'Ancien Testament, et de l'Eglise qui est ou temps du Nouvel, nous par-« lent en deus manieres, et quant au sens gros et materiel et quant au sens « sentil et esperituel, met je l'un sens et l'autre; quar, au derriere de chascun, « a une synagoge materiel de quoy le Prophete trait une pierre que il baille à « l'Apostre avec la prophecie, et va tous jors cele Synagoge en defaillant, selonc « ce que il vont plus avant, et les articles en mouteploiant, si comme vous poés « voir es figures.

« Et, pour ce que les articles de la foi sont la voie et les portes d'entrer en « Paradis, met je les XII portes de Jerusalem de Paradis au desus des XII « apostres en la Vierge Marie par quoy nous fu la porte ouverte, qui tient sur « chacune des portes ou panoncel, où est paint en ymage l'article que l'Apos-

laquelle est peinte une figure dont on trouvera plus loin la raison d'être. Le signe du zodiaque, répondant au mois, est représenté sortant de l'édifice crénelé ou bien, déjà sorti, figure dans l'ovale de droite où sont dépeints les différents temps de l'année. Enfin, à gauche de l'édifice, on voit saint Paul en extase d'abord, prêchant aux diverses nations ensuite.

Au bas des mêmes pages, est peint le Temple ou la « synagogue » des Juifs dont douze prophètes hébreux arrachent successivement deux pierres. Chacun de ces prophètes présente à l'un des douze apôtres une phrase prophétique [1] dont le texte est inscrit sur une banderole et, de chacune de ces phrases, l'apôtre compose un des douze versets du *Credo*; c'est à ces versets du *Credo* que correspond la figure peinte en la bannière de la Vierge, dans la partie supérieure de la page. C'est ainsi, selon le commentaire auquel nous faisions allusion, que l'église du Nouveau Testament a été construite avec les matériaux de celle de l'Ancien.

Peiresc décrit, non moins scrupuleusement, les miniatures qui, dans le livre d'heures de la reine de Navarre, accompagnent les offices de la Trinité, de Notre-Dame, de saint Louis, etc., mais il s'attache surtout aux miniatures qui précèdent chacune des heures de l'office du saint roi et dont voici la liste :

A Matines. — L'étude.
A Laudes. — La prière.
A Prime. — Le voyage du sacre (planche VII).
A Tierce. — Le sacre (planche VIII).
A Sexte. — Le couronnement (planche IX).
A None. — La translation de la couronne d'épines (planche X).
A Vêpres. — La mort.
A Complies. — Les funérailles ou la harangue funèbre.

« tre fait au desous par parole. Et respont chascun panoncel à chascun article
« en droit soi.

« Et, pour ce que mesires saint Pol n'estoit uncore pas ou college des Apos-
« tres, quant ils firent le Credo et assemblerent les articles de la foy, met je
« son ravissement comment il fu ravi et apelé, soz le premier article que la
« Vierge Marie li tent ou pennoncel ; et, puis après tantost, es autres mois,
« comment il preeche et monstre les articles que la Vierge tient sur la porte
« as onze manieres de gens à qui il escrist onze epistres.

« Puis après tot ce veu, vient une page où les Apostres s'asemblent et edi-
« fient une eglise des pierres qu'ils ont traites et aportées de la Synagoge. »

1. Les calendriers du livre d'heures du duc d'Anjou et de celui du duc de Berry que nous citons plus haut (p. 8, note 1) offrent ici quelque différence avec le calendrier du livre de la reine Jeanne : les prophètes ne sont pas identiquement les mêmes ou figurent dans un ordre différent ; par suite, leurs paroles, qui s'accordent avec le *Credo*, sont empruntées à d'autres passages de l'E-

D'excellents dessins à la plume avaient été faits, sous la direction de Peiresc sans doute, de chacune de ces huits miniatures relatives à la vie de saint Louis et de deux autres compositions du même manuscrit : 1º l'autel de la Sainte-Chapelle, devant lequel est agenouillé le roi Philippe de Valois et sa famille, qui précède l'office des reliques et des martyrs (planche XI); 2º saint Louis de Marseille servant les pauvres à table, à l'exemple de son grand-oncle le roi Louis IX (planche XII) [1]. Bien que ces deux dessins ne se rattachent qu'indirectement au sujet qui nous occupe, on les trouvera plus loin.

Ces divers dessins exécutés pour Peiresc et qui reproduisent, avec une fidélité et un sentiment archéologique remarquables chez un artiste du temps de Louis XIII, des scènes empruntées à un manuscrit du moyen âge, ne nous sont pas tous parvenus : le manuscrit de Peiresc ne contient ni l'Etude, ni la Prière, ni la Mort, ni les Funérailles de saint Louis; mais la description qu'en donne le savant magistrat, les reproductions que celui-ci ou quelqu'un de ses amis en fit faire par la gravure, atténuent, à un certain point, les regrets que leur perte peut inspirer.

Le manuscrit de Peiresc renferme une épreuve, la seule peut-être qui subsiste [2], des gravures [3] exécutées d'après les miniatures que nous venons d'énumérer et destinées sans doute à un ouvrage sur le roi Louis IX, lequel n'a pas vu le jour. Malheureusement ces gravures, qui ne sont point, paraît-il, dénuées d'un certain mérite artistique, altèrent assez profondément le caractère des dessins originaux qu'ils interprètent et complètent, comme le prouve l'examen de celles dont nous

---

criture. On pourra se rendre compte de ces dissemblances en recourant, soit aux mss., soit à l'article déjà cité de M. de Fréville qui en donne une description.

1. Six de ces dessins figurent, dans le ms. de Carpentras, dans l'ordre suivant : le Voyage du Sacre (fº 83), le Sacre (fº 85), le Couronnement (fº 86), la Translation de la couronne d'épines (fº 87), l'Autel de la Sainte-Chapelle (fº 88), Saint Louis de Marseille (fº 89).

2. Notre confrère M. Duplessis, conservateur adjoint au Cabinet des Estampes de la Bibliothèque nationale, nous a dit n'avoir jamais rencontré cette série de gravures, ni même une des pièces dont elle se compose. — Ces gravures, non-seulement ne portent aucun titre, mais elles ne représentent pas toujours un état achevé de la planche; ainsi, dans la gravure du Sacre, le « sinsenier » suspendu au-dessus de l'autel est seulement esquissé.

3. Elles y sont disposées sans ordre aucun : le Voyage du Sacre (fº 70), le Sacre (fº 71), la Prière (fº 72), l'Etude (fº 73), l'Autel de la Sainte-Chapelle (fº 113), la Translation de la couronne d'épines (fº 114), le Couronnement (fº 115), la Mort (fº 116), les Funérailles (fº 117). Nous n'oserions affirmer que le dessin représentant saint Louis de Marseille ait donné naissance à une gravure, mais il est certain qu'il ne se trouve pas sous cette forme dans le ms. de Peiresc.

avons conservé le prototype [1]. Le Conseil d'administration de la Société a cependant jugé utile de reproduire celles d'entre elles qui, avec la description de Peiresc, sont les derniers vestiges de quatre des miniatures de l'office de saint Louis.

Il est à peine besoin de recommander la lecture des descriptions de Peiresc : elles permettent de comprendre certains détails des diverses scènes de la Vie de saint Louis qui pourraient échapper à plus d'un observateur consciencieux; elles ont, d'ailleurs, le mérite de fournir des renseignements complémentaires, tels que l'indication des fonds et de l'entourage des miniatures, négligés par l'habile auteur des dessins à la plume.

IV

Les documents iconographiques que nous publions aujourd'hui se rapportent, on le voit, à deux classes différentes de l'art du xive siècle. Le livre d'heures, exécuté par ordre d'un arrière-petit-fils de saint Louis pour une princesse du sang royal de France, trahit, dans l'illustration de l'office du saint roi, une préoccupation et une conception vraiment historiques : là, une série de huit miniatures prend le fils de Blanche de Castille dans sa jeunesse la plus tendre et le conduit jusqu'au cercueil. Les peintures des Cordelières de Loürcines, aussi bien que celles de la Sainte-Chapelle, appartiennent entièrement, au contraire, à l'art et à la tradition populaires : les huit scènes de la vie de saint Louis sont, comme dans les vitraux analogues de la sacristie abbatiale de Saint-Denis [2], empruntées à

---

1. Ces gravures sont, du reste, de plus grandes dimensions que les dessins à la plume : il a donc fallu les réduire dans d'assez fortes proportions pour les faire rentrer dans le format de notre publication, ce qui nuit très certainement au jugement qu'on doit porter sur elles au point de vue de l'art du graveur.

2. Montfaucon (*Les Monumens de la monarchie françoise*, t. II, p. 158) donne une reproduction de ces vitraux qui appartiennent au commencement du xive siècle. A chacune des scènes qui y sont peintes est joint un vers latin qui explique le sujet représenté; nous croyons devoir transcrire ici ces titres comme point de comparaison avec les monuments que nous publions : 1° *Transit primo mare Christi Ludovicus amore*; — 2° *Est istic sanctus Ludovicus carcere clausus*; — 3° *Advocat hic natos Ludovicus, et instruit ipsos*; — 4° *Castigat sanctus Ludovicus verbere corpus*; — 5° *Istic truncata Ludovicus colligit ossa*; — 6° *Multum lepr[oso] datur hic cibus a Ludovico*; — 7° *Celi dum moritur Ludovicus pace potitur*; — 8° *Omnes abest morbus pro quo petit hic Ludovicus*.— Ajoutons que Montfaucon décrit avec quelque détail (pp. 156-159) ces divers sujets dont le troisième, le cinquième et le huitième (relatif celui-là aux miracles posthumes) n'ont été traités ni aux Cordelières ni à la Sainte-Chapelle.

« ces formulaires ou à ces programmes oraux que les artistes du moyen
« âge se transmettaient pieusement et qu'ils n'ont guère modifiés [1] ». Ici,
comme cela s'est passé pour les saints les plus grands, les plus populaires, la vie du héros chrétien est défigurée, rapetissée ; les traits choisis
par les artistes « ne sont ni les plus significatifs, ni les plus beaux [2]. »
Ils sont presque tous tirés, on le verra par les notes que nous joignons
aux descriptions de Peiresc, non du récit à la fois si chrétien, si vivant, si
historique de Joinville, mais de la Vie de saint Louis, que le confesseur
de la reine Marguerite écrivit plutôt dans un but d'édification que dans
un but véritablement historique. Néanmoins, quelques-unes de ces compositions, jointes aux documents déjà connus, permettront peut-être de
dégager définitivement, des limbes où elle est encore en partie retenue, la figure physique du roi Louis IX, et nous souhaitons que cette
tâche tente quelqu'un des érudits qu'a déjà préoccupés l'iconographie
de saint Louis [3].

Pour nous qu'un heureux hasard [4] a fait l'éditeur des dessins réunis
dans le manuscrit de Carpentras, nous croyons devoir nous borner à
les mettre au jour en y joignant deux morceaux de Peiresc, la description des peintures des Cordelières et celle du livre d'heures de la reine
de Navarre, ainsi que l'Office de saint Louis, transcrite pour Peiresc
d'après ce dernier volume. Notre excellent collègue M. Léon Gautier,
qui a bien voulu nous aider de ses conseils pour l'impression du texte
de l'Office, voudra bien nous permettre de lui témoigner ici notre sincère reconnaissance.

A. L.

---

1. Ce sont là les expressions de l'éminent érudit qui a voulu garder l'anonyme, dans la notice qu'il a consacrée à l'illustration du *Saint Martin*, de M. Lecoy de la Marche (p. 706 de cet ouvrage), à propos de l'iconographie de l'apôtre des Gaules.

2. *Idem*.

3. M. Gaston Le Breton, par exemple, l'auteur d'une consciencieuse et intéressante étude que nous avons déjà citée plus haut, p. 5.

4. C'est bien véritablement par un effet du hasard que notre attention s'est portée sur les matériaux réunis par Peiresc au sujet de l'iconographie de saint Louis : le volume où ils se trouvent contient une excellente copie du *Polyptyque de l'abbaye de Saint-Remy de Reims*, que nous avait signalée M. Louis Demaison, archiviste de la ville de Reims. Nous eussions souhaité voir un de nos confrères, mieux préparé que nous, se charger de cette publication, et c'est à son défaut que nous nous sommes décidé à l'entreprendre.

I

LA VIE DE SAINT LOUIS

PEINTE AU MONASTÈRE DE LOURCINES

Description faite par Peiresc des quatorze tableaux qui la composaient [1].

I

COMMENT IL VA OVLTRE MER [2]

Il est dans un navire à genoulx devant un aultel sur lequel est posée la couppe du saint ciboire, et est adsisté d'un religieux trinitaire. Et une autre figure couronnée sans que la face paroisse pour sçavoir si c'est la royne.

II

COMMENT IL EST EN PRISON

Il est comme dans une cage, ou cabinet trelissé, accompagnée d'une figure moindre vestüe de bleu qui luy presente un livre [3]. Et hors la cage, de chasque costé, il y a des figures des princes et

---

1. Cette description occupe les feuillets 15 et 16 du ms. de Carpentras. Peiresc ne lui a point donné de titre, et, sans l'indication (« De la Vie St Louys peincte au monastere des Cordelieres du fauxbourg St Marcel, à Paris, où est l'image du souldan qui print St Louys. ») qu'il a écrite (f° 68 r°) au dos des croquis de deux des peintures des Cordelières, on ignorerait jusqu'au nom même de l'église où était peinte cette Vie.
2. C'est le voyage de la première croisade de saint Louis.
3. Cette légende, dont Peiresc a conservé le croquis (planche I, à gauche), ne paraît pas aujourd'hui être une des plus connues parmi celles qui concernent saint Louis : elle fut cependant reproduite assez fréquemment, puisque, en dehors des Cordelières, nous la retrouverons représentée à la Sainte-Chapelle

grands captifs, assis par terre avec des menottes et des habits longs du temps, l'un avec son capucchon vestu, et l'autre avec une calotte blanche attachée sous le menton [1].

III

COMMENT IL LESSA SON FRERE EN OTAGE POR SA REENSON... SA... ECIENT A TOVS SES CRETIENS AVEC LI [2].

Il est à cheval avec deux autres, dont l'un porte le cappuchon et

---

(voir notre planche III), ainsi que sur les vitraux de Saint-Denis, où Montfaucon, à en juger par la description qu'il en donne, ne l'a certainement pas comprise. Elle a son origine dans un fait réel : la capture du bréviaire de la Chapelle royale par les Sarrazins qui le rendirent gracieusement au roi, au dire de Guillaume de Chartres qui était alors son chapelain. Pendant sa captivité, dit ce biographe, le roi ne cessa d'entendre les saints offices aux heures réglementaires, « habens ibi breviarium capelle sue, quod ei Sarraceni post captionem ejus « pro exenio presentaverant, et missale (*Historiens de France*, t. XX, p. 30). » Mais on considéra bientôt la récupération du précieux volume comme un événement miraculeux et, dans l'opinion populaire, le bréviaire fut rapporté au saint roi par un ange du ciel : un historien de saint Louis, qui écrivait au plus tard vers le milieu du xive siècle, rapporte l'événement dans les termes suivants qui tiennent le milieu entre le récit de Guillaume de Chartres et la représentation figurée aux Cordelières, à Saint-Denis et à la Sainte-Chapelle : « *Comme le roy recouvra son livre qui avoit esté perdu en la bataille, au partir* « *du siege.* — Quand vint vers le vespre, le roy demanda son livre pour dire ses « vespres, si comme il avoit de coustume ; mais il ne trouva nul qui luy peut « bailler, car il estoit perdu avec les harnois et plusieurs autres choses estant « en ses coffres. Et, si comme il y pensoit, dolent et triste et courroucé, le livre « fut apporté devant luy dont ceux, qui entour luy estoient, s'esmerveillerent « moult; car on ne sceut dont il vint. No Seigneur ne voulut pas perdre son « service ordinaire du bon roy, son loyal serviteur. » Nous empruntons ce texte, altéré comme orthographe, au volume X de Peiresc (f° 2), où un correspondant ou plutôt, peut-être, un copiste de Peiresc dit l'avoir tiré du l. II, c. 34 de *la sainte Vie et les haultz faictz de monseigneur saint Louys, roy de France, mis et divisez en 4 parties*, d'un manuscrit écrit vers l'an 1372. Cette Vie, conservée aujourd'hui à la Bibliothèque nationale, n'est pas, paraît-il, différente de la Vie de saint Louis, imprimée en 1666 chez Ballard, in-8°. — On trouvera aussi dans l'hymne des vêpres, de l'office de saint Louis, une allusion à cette légende du livre perdu et retrouvé. — Nous donnons ici la transcription des quelques mots d'explication qui se trouvent dans les croquis composant notre planche Ire : *pourpre tiran sur la laque*, — *quale blanche*, — *blu*, — *l'ange de la prison veteu de blu*, — *le roy dans la prison vetu de pourpre rouge*.

1. Ce groupe est figuré au coin supérieur, de gauche, de la planche I.
2. Joinville (378) rapporte effectivement que le comte de Poitiers resta aux

un quattriesme maillé portant une masse d'armes dorée, ayant par derriere des vestiges d'un escu d'argent, à la croix de sable accompgnée de quatre marlettes de sable retournées en dehors [1], et trois ou quatre autres gents de pied. Son cheval n'est point bardé, ses bottes sont noires, son estrieu et ses esperons dorez, son sayon bleu et sa couronne en teste, les cheveux fort blonds ; le reste est effacé.

Il laisse derriere lui le souldan Saladin [2] assis en une chaire sans bras, enrichie d'architecture du temps, vestu d'un sayon bleu, ayant une grande barbe blanche, le nez aquilin et un linge sur la teste, relié par derriere, pendant sur les epaules, hors duquel sort un peu de cheveleure sur le front, et y a quelque vestige d'un filet d'or qui entoure la teste par dessus le linge comme une espece de diademe ; toutefois il est si effacé qu'il ne s'en peult rien determiner de certain. Saladin est accompagné d'un de ses serviteurs ou sattellites, vestu de rouge, coiffé de blanc, sans barbe, tenant par le foye du corps une autre figure de bout d'un jeune prince, teste nüe, fort blond, ayant aux bras une certaine garnition, comme pour deffendre des menottes ; la couleur de son sercot est claire, mais effacée. Il semble que Saladin s'amuse à parler à luy [3].

---

mains des Sarrazins jusqu'au paiement intégral des 200,000 livres que le roi devait donner pour sa rançon avant son départ du Nil.— Cf. le confesseur de la reine Marguerite, livre I, c. 18 (*Historiens de France*, t. XX, p. 189).

1. Malgré les recherches auxquelles nous nous sommes livré, en compagnie de notre érudit confrère, M. Demay, il ne nous a pas été possible de déterminer si les armoiries ainsi décrites par Peiresc étaient les armoiries réelles d'un des compagnons de saint Louis.

2. Peiresc a tort de reconnaître ici le sultan Saladin qui n'était pas, au reste, le contemporain de Louis IX. Remarquons, à sa décharge, qu'il est fort difficile de faire accorder une partie du tableau III des Cordelières et l'histoire, puisque le sultan Touran-Schah, avec lequel saint Louis avait traité de sa délivrance, fut tué par les émirs le 2 mai 1250 et que les chrétiens partirent quatre jours après, alors que l'Egypte n'avait pas de sultan ; mais peut-être le peintre a-t-il entendu représenter l'un des émirs.

3. Cette scène est représentée sur la partie droite de notre planche Iʳᵉ. — Voici la transcription des quelques mots d'explication ou de renvoi, écrits de la main de l'artiste : *la taillole blanche, — robe plu* (pour *robe bleue*), — *siege d'or, — gaune* (pour *jaune*), — *qualote grise, — pourpré, — le cheval de deriere rous, — cheval gris, — la bride grise, — l'abyt du frere gris bleu, — à cheval vetu de blu*.

IV

CO[N]MENT IL MET E[N SA FOI] LES INFIDELES [1].

Il est assis en une chaire tapissée, assisté de quelques figures devant un grand bastiment, couvert en pavillon, mais tout est si effacé qu'il ne s'y cognoit rien.

V

CONMENT IL FV RECEVS QVANT IL REVINT.

Il est à cheval, accompagné d'autres, et plusieurs chevalliers qui sortent d'une ville pour venir au devant de luy.

VI

CONMENT IL [FAICT JECTER LE FONDE]M[ENTS DE] PLUSEVRS EGLISES [2].

Il est debout, vestu de long, s'arraisonnant avec un architecte qui tient une esquierre et un compas, assisté de massons. Et trois bastiments d'eglises.

VII

CONMENT IL VISITA FILL. QUI........... PORTERE DE BREVVAR MALADE, *etc.*

Il se presente à la porte d'un monastere de dames religieuses vestües de blanc, lesquelles viennent au devant, ayant des lictz au-

---

1. Les lettres FID de ce mot étaient presque complètement effacées, si l'on en juge par la copie de Peiresc. — Ce tableau a pour sujet le chapitre 27 de la *Vita sancti Ludovici* de Geoffroy de Beaulieu : « Quam pie suscipiebat Sarra-« cenos ad fidem venientes.» Cf. le confesseur de la reine Marguerite (l. I, c. 3).
2. Les deux premières lettres du mot *eglise* étaient à peu près les seules apparentes.

prez d'elles. Il n'est accompagné que d'un seul qui le suit. Et, devant la porte, il semble s'entretenir avec une religieuse gisante, malade dans un lict [1].

VIII

CONMENT IL A DE COVSTVME LA NVIT EST[RE] EN OROISON.

Il est à genoux, en chemise, auprez de son lict couvert de menu vair, sur le chevet du quel y a un coussin ou oreiller de drap d'or en broderie de vert. Aux pieds de son lit, il y a un lict plus bas et plus petit que le sien, couvert d'une moindre fourreure, dans lequel est couché un jeune homme coiffé d'une calotte, dormant, qui estoit son valet de chambre vraysemblablement [2].

IX

CONMENT IL SE CONFESSE ET PRENT LES DISCIPLINES.

Il est à genoux devant son confesseur qui luy donne l'absolution, et tient une main au pis comme disant sa coulpe, et de l'autre reçoit la discipline de la main de son confesseur frocqué [3].

---

1. Il y a ici une légère faute d'interprétation. A en juger par la présence de ces lits « auprez » des religieuses et par ce qui reste de la légende, évidemment assez mal déchiffrée, ce n'est pas là la porte d'un monastère de religieuses; c'est sans doute la maison-Dieu de Vernon à propos de laquelle le confesseur de la reine Marguerite (l. I, c. 11; dans les *Historiens de France*, t. XX, p. 98) rapporte le fait suivant : « L'en dist que une suer de cele meson de Vernon fu
« une foiz malade, laquele suer dist que jamès ne mengeroit se il meesmes ne
« la pessoit de ses propres mains; et, quant li benoiez rois oï ce, il ala à li où
« ele gesoit, et la peut et li metoit les morsiax à ses propres mains en la bou-
« che. »
2. Cette circonstance du petit lit bas pour le serviteur de saint Louis se retrouve dans une miniature du ms. 5716 du fonds français de la Bibliothèque nationale (Livre du confesseur de la reine Marguerite), reproduite à la page 595 de l'édition illustrée du *Joinville*, de M. de Wailly, miniature que la description faite ici par Peiresc explique en partie.
3. C'est le sujet de notre planche V, l'un des tableaux de la Sainte-Chapelle. — La discipline que tient le confesseur rappelle bien plus celle que décrit et

X

CONMENT IL, etc.....

Il se met à genoux devant un religieux bernardin assis, vestu de blanc, qui a les mains joinctes, et le visage tout couvert de playes de ladrerie, devant une table couverte d'une nappe, d'un plat de poisson, un pain, une souppe et ung pot. Auquel le roy porte à manger jusques à la bouche [1]. Et est suyvy d'un trinitaire, croisé d'un autre religieux vestu de sa chappe, et d'un de ses gardes qui porte une massue.

---

dont se servit Geoffroy de Beaulieu, le confesseur et l'un des biographes du roi (c. XVI) que la discipline dont parle, avec moins d'autorité, le confesseur de la reine Marguerite (l. I, c. 14). « Il avoit trois cordeles ensemble jointes, lon-« gues pres de pié et demi », dit ce dernier auteur, « et chascune de ces cor-« deles avoit quatre neus ou cinq; et tous les jours de vendredi par tot l'an, et « en quaresme es jours de lundi, de mecredi, il cerchoit mout bien en sa « chambre par touz les angles, que nul n'i demorast ilecques; et donc il clooit « l'uis et demoroit enclos avec frere Giefroi de Beaulieu, son confesseur, de « l'ordre des Precheeurs, dedenz la chambre où il estoient longuement en-« semble; et estoit creu et dit entre les chambellens et hors de sa chambre, « que lors li benoiez rois se confessoit adoncques audit frere, et que adoncques « li diz freres le deciplinoit des dites cordeles (*Historiens de France*, t. XX, p. 108) ». Les courtisans ne se méprenaient point ; c'est Geoffroy de Beaulieu qui l'atteste et qui rapporte en même temps ce fait plaisant d'un de ses prédécesseurs qui frappait le roi à coups redoublés, de sorte que la peau du prince, qui était extrêmement tendre, en était fort maltraitée. Le bon roi ne s'en plaignit pas, tant que ce confesseur vécut; mais, plus tard, il ne put se garder d'en parler en riant à Geoffroy, selon lequel la discipline royale se composait de cinq petites chaînes de fer (*catenulæ ferreæ*) jointes ensemble et fixées par la tête au fond d'une petite boîte d'ivoire que le roi portait avec lui.

1. Cette scène VI, forme aussi le sujet de notre planche empruntée aux peintures de la Sainte-Chapelle, et celui de l'un des huit vitraux de l'abbaye de Saint-Denis (voyez plus haut, p. 11, note 2). Elle est racontée dans la plupart des Vies de saint Louis, qui l'ont toutes empruntée, plus ou moins directement au Confesseur de la reine Marguerite (l. I, c. 11 ; *Historiens de France*, t. XX, p. 96), dont le récit commence ainsi : « Et en l'abeïe de Roiaumont « avoit un moine qui avoit non frere Legier, et estoit diacre en l'ordre, qui « estoit mesel et estoit en une meson desseuré des autres, qui estoit si despiz « et si abominables, que pour la grant maladie ses ieux estoient si degastez que « il ne veoit goute ».

XI

CONMENT ES MESONS DIEV IL SERT TRESTOVS LES PAVVRES MALADES A GENOVS

Il est à genoux, auprez du lict d'un malade à qui il porte à manger, dont la couverture est de fourreure, et, au lieu de bonnet de nuict, il est coiffé d'un linge rattaché et pendant par derriere. Il y a un autre pauvre malade en un autre lict. Et le roy n'est accompagné que de deux jeunes serviteurs qui portent des viandes aprez luy [1].

XII

CONMENT..............

Il lave les pieds aux pauvres [2].

---

[1]. Le sujet de ce tableau est ainsi raconté par le confesseur de la reine Marguerite (l. I, c. 11) : « Li benoez reis aloit sovent as mesons Dieu de Paris, de « Compiegne, de Pontaise, de Vernon et d'Orliens, et visitoit les povres et les « malades qui ilecques gisoient, et les servoient en sa propre persone ; et à chas- « cuns d'eus il donnoit certaine quantité de deniers et du pain, et des chars et « des poissons, selon ce qui il leur couvenoit et selon ce que li tens le reque- « roit..... Et quant aucuns estoient plus malades que les autres, il les servoit « plus, en trenchant leur pain et char et les autres viandes, et estoit à genouz « devant eus, et portoit le morsel trenchié à leur bouche, et les pessoit et sos- « tenoit, et terdoit leur bouches d'une touaille que il portoit........ Et il servi en « un jour de vendredi en sa persone cent et trente quatre povres qui lors es- « toient en la meson Dieu de Compiegne. » (*Historiens de France*, t. XX, pp. 97-98.)

[2]. Geoffroy de Beaulieu (c. ix : « De ablutione pedum pauperum ») et le confesseur de la reine Marguerite (l. I, c. 11) rapportent ce trait du roi : qu'il lavait, chaque samedi de l'année, les pieds à trois des plus pauvres et des plus vieux qu'il pût trouver. « Et en sa garderobe, dit le second de ces biographes, avoit trois ba- « cins, et l'iaue estoit ilecques apareilliée toute chaude et blanches toailles, et ilec- « ques il leur lavoit leur piez, ceint d'un linceul et agenoillié devant els » (*Historiens de France*, t. XX, p. 90). Nous citons ce passage, parce qu'il renferme certains détails, négligés par le peintre de la Sainte-Chapelle qui, à l'exemple de celui des Cordelières, a traité ce sujet (voir notre planche IV). Il n'est pas hors de propos de remarquer que les barons français étaient loin d'imiter le saint roi

XIII

CONMENT IL SERVOIT TOVS LES JOVRS LES POVRES AVANT QV'IL MENJAST.

Il est de bout auprez d'une table, derriere laquelle y a douze pauvres [1].

XIIII

CONMENT IL ALOIT NVS PIEZ PAR LES VILLES LE VENDREDY DONANT L'AVMOSNE DE SA MAIN AUX POVRES.

Il marche, distribuant l'aumosne à des pauvres qui sont à genoux, et est suivy d'un aumosnier et d'un autre [2].

---

et que certains d'entre eux, Joinville par exemple, ne lavaient même pas les pieds aux pauvres le jour du jeudi saint (*Joinville*, édition de Wailly, § 29).

1. Cette même scène forme le sujet d'une des miniatures du ms. illustré (fonds français, n° 5716) du confesseur de la reine Marguerite, laquelle a été reproduite par la gravure en 1874 dans le *Joinville* illustré, de M. de Wailly (p. 3). Remarquons cependant que le texte du confesseur de la reine (l. I, c. 11; *Historiens de France*, t. XX, pp. 90-91) parle de 13 et non de 12 pauvres : « Chascun jor de mecredi, de vendredi et de samedi en quaresme et en l'avent, « il servoit en sa persone à treize povres, que il fesoit mengier en sa chambre ou « en sa garde robe, et leur aministroit en metant devant eus potage et deux paire « de mès de poissons ou d'autres choses; et trenchoit il meesmes deux pains, « desquex il metoit devant chascun d'eus..... Et ces choses meesmes fesoit il hors « quaresme et hors l'avent, chascun jour de vendredi et de samedi par tout l'an... « Et outre les treize povres desuz diz, l'en prenoit chascun jour autres treize « povres, tous tens, en quaresme et hors quaresme; desquels treize l'en prenoit « chascun jour trois, et les fesoit l'en seoir à une table pareus, plus pres du « saint roi, et, ainçois qu'il menjassent et que il entrast à table, il donoit à chas- « cun de ses povres quarante deniers parisis de ses propres mains..... Et les dix « autres povres menjoient en sale, et avoient des autres viandes à ceus qui « menjoient en sale, et chascun de ces dix povres avoit douze deniers parisis « pour l'aumone du saint roi ».

2. Ce quatorzième tableau se rapporte sans doute à un trait qu'on lit chez le confesseur de la reine Marguerite (l. I, c. 11; *Historiens de France*, t. XX, p. 92), et, alors, il faudrait substituer dans le titre du tableau les mots VENDREDI SAINT, au mot VENDREDI « Derechief, chascun jor du saint vendredi, il aloit nuz « piez par les églises prochaines de quelconque lieu où il fust et, du comman- « dement du saint roi, deux de ses chambellenz prenoient cent livres, chascun

II

LIVRE D'HEURES DE JEANNE II

REINE DE NAVARRE

Notice rédigée par Peiresc en 1621.

Les anciennes heures et prieres de la royne Jeanne de Navarre, fille du roy Louys Huttin, escriptes en vellin, ont esté conservées dans le monastère des dames religieuses Cordelieres du fauxbourg Saint-Marcel à Paris et sont de la grandeur du grand 8° ou petit 4°, reliées depuis une centaine d'années en veau rouge goffré et desteinct. Les ayant veues et tenues quelques jours par l'entremise de Monsieur du Liz, advocat general du Roy en la Cour des Aydes, en l'année 1621 [1].

Elles sont enrichies d'une infinité de belles images d'enlumineure de trez bonne main pour le siecle qu'elles ont esté faictes, avec tout plein de damasquineures, bordeures et feuillages fort diversifiez et où sont employées de trez belles couleurs et de l'or excellent tant mat que brunny.

Il y a tout au commencement un kalendrier en françois bien curieusement faict, accompagné de belles figures qui representent et sont accommodées au service qui se faict en l'eglise toute l'année, de temps en temps. Oultre ce qui est de la situation du soleil aux signes du zodiaque et des saisons de l'année.

« cinquante, et les aministroient au saint roi en cel jour, et metoient à la foiz
« ces deniers en un sachet que li benoiez rois portait sous sa chape et pendoit à
« sa ceinture, les queles cent livres il donoit pour Dieu as povres de sa propre
« main, endementieres que il aloit einsi par les eglises ou dit jour..... »

1. Charles du Lis, né vers 1560, mort vers 1632, descendait en ligne directe de Pierre d'Arc, frère de la Pucelle d'Orléans. Il publia divers opuscules relatifs à Jeanne d'Arc et plusieurs écrits sur la juridiction des Aides.

En JANVIER, il y a un terrain plein d'arbres desfeuillez, soubs un hemisphere de ciel d'azur, à l'un des bouts duquel l'enlumineur a representé le soleil en forme d'une placque d'or toute ronde dans laquelle est peint un astre rouge à rayons ondez. Cet hemisphere abboutit d'un costé au chiffre des kalendes et de l'aultre à une maison crenellée, pour tenir lieu de l'une des XII maisons du zodiaque [1], à une des portes de laquelle sort l'*Aquarius* en forme d'un jeune garçon tout nud, ayant un genoul à terre, tenant de ses deux mains un vase dont il verse de l'eau.

Sur les creneaux de la maison, y a une femme couronnée avec le diademe autour de la teste (que je pense representer l'Eglise [2]), tenant une banniere bleue (en forme de guydon en triangle) attachée à une croix, paroissant dans la banniere une teste d'un Dieu le Pere.

A costé de la maison y a un saint Paul accoudé et comme ravy en extase, et une main du ciel, laquelle espand sur luy une rosée rouge. Et l'escritteau S. Paulus.

Au dessoubs de cez figures sont escripts tous les jours du moys et rangées toutes les festes d'iceuluy, distinguées de rubliques pour celles de commandement, et d'ancre noire pour les autres, avec les epactes, lettres dominicales, et kalendes, nones et ides, et le nombre des leçons.

Plus bas est peinct un temple tout entier, prez duquel se void le prophete Hieremie tenant en chascune de ses mains un quarreau de pierre (arrachez dudit temple), avec l'escritteau au dessoubs, accommodé à la susdite banniere : Patrem vocavit me [3].

Au prez du prophete y a un saint Pierre, qui tire à soy un grand drap blanc, de dessus des espaules dudit prophete, où il semble attaché par derriere, comme pour desvoiller l'antiquité de la loy, et decouvrir les secretes intentions des prophetes, avec son escritteau : Credo in Deum patrem omnipotentem, creatorem cœli et terrae.

Touts les aultres moys de l'année sont de mesme ordre et de

---

1. Le commentaire des miniatures du Bréviaire de Belleville dont nous avons reproduit une partie (voir plus haut, p. 8, note 2) montre que Peiresc a pris, pour « les douze maisons du zodiaque », les douze portes de la Jérusalem céleste.

2. Le même commentaire permet encore de rectifier ici Peiresc : cette femme couronnée n'est pas l'Eglise, mais bien la Vierge Marie, « par quoy nous fut la « porte [de Paradis] ouverte. »

3. Jérémie, c. III, v. 4. Le vrai texte est *Patrem vocabis me*.

mesme pareure, estants diversifiez, aux marques de la saison, du signe de zodiaque, de la haulteur du soleil et des personnages cho[i]sis entre les prophetes, apostres et autres.

FEVRIER a les Poissons et les pluyes sur la terre despouillée de verdure et sur les arbres sans feuilles; le soleil un petit plus haulsé.

La banniere de l'Eglise a esté un peu rognée par la seconde relieure du livre, mais il y a encore des vestiges de la teste d'un Saulveur. A costé, saint Pol y est assis, preschant aux Romains, lesquels sont representez assis par terre, attentifs à ce qu'il leur dict, et l'escritteau : ROMANI. En bas, le Temple y est encor, avec un roy David qui tient encor un quarreau dudit Temple en chasque main, et dit : FILIUS MEUS ES TU [1]. Et devant luy un saint Jean l'Evangeliste qui releve un li[n]ge attaché derriere l'espaulle dudit David, comme pour descouvrir les secrets de l'ancienne loy, et dict : ET IN JESUM CHRISTUM, FILIUM EJUS UNICUM, DOMINUM NOSTRUM.

MARS a la figure d'*Aries,* sortant à demi de la porte de sa maison; le soleil plus haulsé, les arbres qui commancent à bourgeonner.

La banniere de l'Eglise represente un enfant emmaillotté dans le berceau. Saint Pol y est auprez, preschant aux Corinthiens qui sont designez par le mot : CORINTHI. Le Temple y est toujours, mais l'un des pinacles commance d'en tomber. Et auprez d'iceluy est le prophete Ysaye, tenant deux quarreaux de pierre en ses mains, disant : VIRGO CONCIPIET ET PARIET FILIUM [2]. Et, devant luy, un saint Jaques qui luy haulse le voile, disant : QUI CONCEPTUS EST DE SPIRITU SANCTO, NATUS EX MARIA VIRGINE.

AVRIL a le Taureau qui se monstre à demy en la porte de sa maison; le terrain verdoyant avec quelques fleurs, les arbres feuillez et une trousse de certains espis incogneux; le soleil plus approchant du haut de l'hemisphere.

Sur la maison l'Eglise tient sa banniere bleue, comme toutes les autres dans laquelle y a un crucifix à l'antique. A costé, saint Paol

---

1. Psaumes, c. II, v. 7.
2. Isaïe, c. VII, v. 14.

presche aux Galathes qui ont leur escritteau : Galathe[1]. Tout en bas, on void cheoir l'une des tours du Temple, et un Daniel auprez qui tient encores deux quarreaux, disant : Post ebdomadas LXII° occidetur Xpistus[2]. Et saint André qui luy leve le voille, disant : Passus sub Pontio Pilato, crucifixus, mortuus et sepultus.

MAY a les Jumeaux sortis hors la porte de leur maison, representez conme ung garçon et une fille tous nuds, de bout, qui s'entr'embrassent, tenants un escusson de Navarre qui les couvre de la ceinture au bas. Le terrain verdoyant produict quantité de fleurs. Le soleil approche encore plus du hault de l'hemisphere.

La banniere de l'Esglise represente la gueulle d'enfer dans laquelle une main (du Sauveur) porte le manche de sa croix. A costé, saint Pol preschant aux Ephesiens : Ephese. En bas, le Temple, ayant une tour presque toute ruinée; le prophete Osée qui en tient deux quarreaux, disant : Morsus tuus ero inferne[3]. Et saint Philippe qui luy leve le voille disant : Descendit ad inferos.

JUIGN a le Cancer (*Pagurus*) hors de sa maison, et des arbres de chesne, sicomore et des souches de vigne verdoians. Le soleil tout en hault du ciel.

La banniere de l'Eglise contient un Sauveur ressuscitant hors du sepulchre. A costé sont les Philippenses devant saint Pol. En bas est le Temple ruiné par un costé, et le prophete Sophonias qui en tient deux quarreaux disant : Expectavi diem resurecti[o]nis mee[4], avec saint Thomas levant le voille et disant : Tertia die resurexit a mortuis.

JUIGNET (pour *juillet*) a le Lyon sortis de sa maison, paint au naturel, et des monceaux de foing. Le soleil qui commence à passer le hault de l'hemisphere et descendre vers l'autre costé.

La banniere de l'Eglise contient l'Ascension du Sauveur dans les cieux, dont il ne paroit que les pieds et les bas de la tunique. Saint Pol y presche aux Colocenses. Embas, le Temple commence à crouller par le comble, et le prophete Micheas en tient deux quar-

---

1. L'*e* final de ce mot est cédillé dans le ms. de Peiresc.
2. Daniel, c. ix, v. 26.
3. Osée, c. xiii, v. 14.
4. Sophonias, c. iii, v. 8.

reaux disant : Ascendit enim pandens iter ante eos [1]. Saint Barthelemy, luy levant le voille, dict : Ascendit ad celos [2], sedet ad dexteram Dei Patris omnipotentis.

AOUST a la signe de la Vierge, hors de sa maison, vestue de bleud, tenant un espy en sa main. Le soleil descendu plus bas que devant, des gerbes de bled toutes liées, et du bled meur non encores scié.

En la banniere se void une figure humaine dans le tombeau, laquelle commance à ressusciter et, au dessus, deux cornets pour le Jugement. A costé, saint Pol tient ung livre et presche aux Tessalonicenses. En bas, le Temple est à moitié ruiné, le prophete Joel en tient deux quarreaux, disant : In valle Josaphat ibi sedebo judicans [3]. Et saint Mathieu, luy levant le voille, dict : Inde venturus judicare vivos et mortuos.

SEPTEMBRE a une autre vierge vestue d'une robbe de toille d'or, tenant des Balances en la main, pour le signe de *libra,* sortie hors de sa maison. Le soleil est encores plus advancé. Et les vignes y ont des raisins.

La banniere est remplie d'une colombe fondant du ciel. Saint Pol tient un livre et parle à Thimotheus. En bas, la ruine du Temple est encores plus grande, n'en restant plus qu'un petit coing debout. Le prophete Aggée en prent deux pierres et dict : Spiritus meus erit in medio vestrum [4]. A qui saint Jacques levant le voille respond : Credo in Spiritum Sanctum.

OCTOBRE a le signe du Scorpion représenté par un animal qui ressemble les salemandres imaginaires, avec une queue fort longue, et la teste comme d'un veau, destachée du corps par un long col. Les pourceaux y paissent du glan soubs des chesnes. Le soleil s'approche de l'autre bout de l'hemisphere.

Dans la banniere que tient l'Eglise, il n'y a qu'un clocher. Saint Pol tient son livre devant trois auditeurs, sur lesquels est escript le nom de Titus. En bas, tout le comble du Temple y est croullé.

---

1. Michée, c. ii, v. 13. Le vrai texte est *Ascendet*.....
2. L'*e* de *celos* est cédillé dans le ms. de Peiresc.
3. Joel, c. iii, v. 12.
4. Aggée, c. ii, v. 6.

Ezechiel en tient deux pierres, disant : Nomen civitatis ex illa die, Dominus [1]. Saint Simon luy leve le voille, et dict : Sanctam ecclesiam catholicam, sanctorum communionem.

NOVEMBRE a le Sagittaire en forme de centaure à l'acoustumée, devant sa maison. Des arbres dont les feuilles tombent. Le soleil quasi tout au bas.

En la banniere se void une main du ciel tendant (vraysemblablement l'Eucharistie, en forme d'hostie blanche ayant une croix au mitan, comme les pains des anciens; si ce n'est une piece d'argent monoyé) quelque chose de rond à une figure, laquelle est en prieres, les mains joinctes. Saint Pol tient son livre et parle à Philemon.

En bas, le Temple est tout desmoly sens dessus dessoubs. Le prophete Malachie y prend encore deux pierres disant : Cum odio habueritis, dimittite [2]. Et saint Thadée luy leve le voille et dict : Remissionem peccatorum.

Et DECEMBRE a le signe du Capricorne, sortant de sa maison, ayant la teste de bouq barbu, et le corps de dragon avec des griffes, des aisles et une longue queue de serpent. Le soleil est tout au bas de ce costé de l'hemisphere, à l'opposite du lieu où il estoit en janvier. Il y a un bucheron qui couppe du bois sur des arbres sans feuilles, au prez d'un grand feu bruslant [3].

Dans la banniere, il n'y a qu'un tombeau où se void un corps gisant, tendant les mains au ciel. A costé saint Pol presche aux Hebreux : Hebrei.

En bas, il ne reste plus que des masures du Temple, où Zacharie prend encore deux pierres et dict : Suscitabo filios meos [4], à qui saint Mathias leve le voille en disant : Carnis resurectionem et vitam eternam.

---

1. Ezéchiel, c. xlviii, v. 35.
2. Malachie, c. ii, v. 16.
3. Cette partie de la miniature du mois de décembre est traitée de même dans le Bréviaire de Belleville; mais le livre d'heures du duc d'Anjou et celui du duc de Berry offrent quelque différence. Dans celui-ci, le bûcheron fait place à un homme qui se prépare à tuer un porc, et trouvera ainsi, dans un instant, l'emploi du feu. Dans celui-là, l'homme n'est pas non plus un bûcheron; il paraît prêt à tuer deux porcs, à peu de distance d'un arbre vert, mais n'a point de feu pour la suite de son opération.
4. Zacharie, c. ix, v. 13. Le vrai texte est : *Suscitabo filios tuos.*

[*Office de la Sainte Trinité.*]

Le premier office de la S. Trinité, où c'est qu'à Matines sont representées les persones du Pere et du Filz, assises en mesme chaire, tenants le globe terrestre entre leurs mains (dans lequel paroit la terre avec des arbres et villes, et la mer avec des batteaux), ayant une croix rouge par dessus. Les visages de cez deux personnes s'entre ressemblent et sont comme de mesme aage, sans que l'un soit plus vieil ne chenu que l'aultre. Sur leurs testes il y une colombe venant du ciel, du bec de laquelle sortent deux fillets rouges ou de sang qui se vont terminer, l'un à la bouche de l'une des persones et l'aultre à celle de l'aultre.

Dans le cadeau de la premiere lettre du premier pseaulme est representée la royne Jeanne à genoulx, devant son oratoire, sur lequel ses heures sont ouvertes. Elle a une robe faisant l'estat d'un manteau de pourpre fourré de vair.

A Laudes, se voyent les deux persones concourants en la creation d'Adam qui gist tout nud et dord sur un rocher.

A Prime, se voyent troys persones devant lesquelles un vieillard est à genoulx, possible Abraham et Loth.

A Tierce, se void une persone assise sur un throsne eslevé et supporté par deux seraphins sur leurs espaules, laquelle tient un globe dans lequel il y a deux lettres A M [1] pour A et Ω.

En bas, y a un jeu d'un bellier qui vient porter ses cornes contre un berger, lequel luy oppose un escabeau (ou tripied) qu'il a prins de sa main par les pieds, luy tendant le plat du siege pour recevoir le heurt des cornes.

Et un aultre d'un lievre assis sur son cul, lequel gratte la teste à une harpie à teste de fille.

A Midy, ou Sexte, saint Jean Baptiste, vestu de longue tunique

---

1. Il est assez difficile de rendre ici, par la typographie, la pensée de Peiresc qui a représenté un *m* gothique surmonté d'une sorte d'abréviation.

vellue, baptise le Sauveur tout nud, paroissant la teste de Dieu le pere dans les nues, sans marque de vieillesse, de la bouche du quel sortent trois fillets rouges qui viennent jusques au Saulveur, et la colombe entre les deux.

A Nonne est la transfiguration du Sauveur assis sur le couppeau [1] de la montagne de Tabor, revestu de blanc estincellé d'or, paroissant à costé la face de Dieu le Pere dans les nues, avec la colombe et les trois fillets rouges. Et en bas, Moyse cornu avec ses tables, une noire et l'aultre rouge, et Helie.

Tout au bas du feuillet y a un duel de deux champions en sayon, combattant avec la longue espée et de fort petites rondaches. Et un troisiesme qui les regarde d'en hault, avec une autre rondache et un baston rabotteux au lieu d'epée.

A Vespres, il y a un Sauveur qui presche à des gens assis par terre, et un Dieu le Pere qui leur tend du ciel un escritteau où se lict : Et clarificavi et iterum clarificabo [2].

Dans le cadeau d'une lettre, il y a une chevre blanche, laquelle a un mantellet eslevé en pennard de gueulles à l'escarboucle de Navarre, doublé de bleu ou azur.

A Complie se void un Sauveur assis en son throsne tenant le monde en sa gauche, distingué de terre et mer, avec les douze apostres devant luy, deça et dela de son throsne, et aultant de couronnes à leurs pieds, dont l'un commence d'en recueillir une.

En bas un singe sur le dos d'une cigogne, à laquelle il ouvre le bec, pour en combattre contre un singe porté par un coq tenant une lance.

---

1. *Couppeau* est un vieux mot français au sens de « cime », « sommet. » (Du Cange, édition Henschel, t. VII, p. 110, verbis *coupel, couperon, coupet*.) Il figure encore, en 1694, dans la nouvelle édition du *Dictionnaire* de Furetière.
2 Evangel. Joannis, c. xii, § 28.

*S'ensuyvent les Heures de Nostre Dame selonc l'usage
de la court de Rome.*

A Matines se void l'Annonciation. Et, dans le chatton ou cadeau de la premiere lettre, la royne y est à genoux devant la Vierge.
En bas trois garçons et deux filles jouent à l'esbahy.

A Laudes, la Visitation.

A Prime, la Nativité, avec un tapis par derriere, de gueulles semé des escarboucles de Navarre en lozanges. A costé se void cette jeune princesse [1] à genoux, sans manteau, en simple robbe fendue au droict des manches.

A Tierce, les Bergers.

Et en bas, une dance d'autres bergers au son de la musette et des timbales que le timbaleur a tournées sur ses rains, ayants les bras croisez, tandis qu'un petit enfant joue desdites timbales.

A Midy, les Trois Roys; le champ parsemé de pointes de rubis.
En bas, la royne en mantellet, à genoux.

A Nonne, la Presentation au Temple.

A Vespres, le voyage d'Ægypte pendant lequel les idoles de metail tombent devant eux [2].
A costé, un garçon qui porte une lozange partie de Navarre et de Bourgogne [3], qui sont les armes de Jeanne de Bourgo-

---

1. La qualification « jeune princesse » convient parfaitement à la reine de Navarre, née le 28 janvier 1311, si, comme nous le pensons, le livre d'heures a été exécuté vers 1330.

2. Ce trait de la fuite en Egypte est raconté dans l'Evangile (apocryphe) de l'Enfance (chap. X).

3. La figure qui suit et la plupart de celles qu'on trouvera au cours de la description du livre d'heures constituent le redressement, que nous devons à l'obligeance de notre confrère M. Maxe-Werly, des croquis tracés par Peiresc en marge de son manuscrit.

gne [1], femme de Louys Huttin, tandis qu'il estoit seulement roy de Navarre.

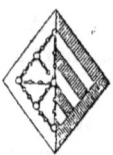

Tout en bas, trois soldats maillez, avec leur cotte, armez d'espée et targe ronde, dont le premier a de plus une hallebarde ou hache d'armes, et s'arresonne avec un laboureur ; le dernier qui est comme le maistre a la rondache plus grande et un heaume doré à la visiere levée.

A Complie, le Couronnement de la Vierge, avec quattre anges à l'entour qui sonnent : l'un de la cittre ; l'aultre d'une espece d'espinette [2] placquée contre l'estomac comme un lut, faicte en triangle, dont la pointte s'appuye par le bas sur une table ; le troisieme, de la musette, avec une banderolle quarrée de Navarre, et le dernier des timbales. Avec, cette princesse à genoux, sans manteau.

A la fin, il y a quelques prieres à la Vierge, au commencement desquelles est representée la Vierge contre un tapis semé de lozanges de Navarre. A costé, y a une guenon qui tient une lozange du simple Navarre.

Pour les vii psaulmes, il y a ung Sauveur, accompagné des marques des quatre Evangelistes. Pour les letanies, une infinité de saints et saintes ensemble, et au dernier rang des pontifes et des confesseurs est enroollé saint Louys de Marseille (SANCTE LUDOVICE), et le premier entre les moines et hermites sainct Louys, roy. En cette sorte (si ce n'est que le roy soit entre les confesseurs et l'evesque entre les moynes) [3] :

---

1. Lisez *Marguerite*. « Jeanne » est un lapsus de Peiresc ; nous le retrouverons plus loin, pp. 38 et 43.
2. Un croquis de Peiresc montre qu'il s'agit ici du psalterion représenté plus loin, p. 45.
3. Les mots que nous plaçons ici, entre parenthèses, constituent une addition interlinéaire.

Sancte Nicolæ, ora [pro nobis].
Sancte Ludovice, ora pro nobis.
Omnes sancti pontifices et confessores, orate pro nobis.

Sancte Ludovice, ora pro nobis.
Sancte Francisce, ora.....
Sancte Antoni, ora.....
Sancte Maure, ora.....
Omnes sancti monachi et heremitæ, etc., orate pro nobis.

Il y a, par aprez, une oraison au commencement de laquelle y a un lyon assis, tenant un escu de Navarre.

DESCRIPTION DES FIGURES D'ENLUMINEURE

mises au commencement de chascune des heures de l'office de S. Louys dans les heures et prieres mss. de la royne Jeanne de Navarre, femme de Philippe d'Evreux.

Ci commencent les heures monseigneur saint Loys, roy de France.

L'estude [1] [planche XIII].

A Matines, la royne Blanche, vestue d'une robbe rouge orangée des gueulles de Castille, affeublée d'un manteau de pourpre, doublé de bleu verdastre, avec un voille blanc ou couvrechef, mys tant à l'entour du col, du sein et du menton que sur le chef, ayant sa couronne d'or par dessus (et par consequent du vivant de son mary), est representée assise en une chaire haulte, de simple boys, à dossier et à grands accoudoirs, avec un coussin ou quarreau soubs ses pieds. Devant elle, le precepteur de sainct Louys est assis en un siege de boys sans dossier, vestu de cotte et manteau grisastre, ayant des manches rouges, et tenant des cierges à sa main droicte, monstrant de la gauche ce qu'il enseignoit au petit sainct Louys, assis par

---

[1]. Ce titre et les autres titres analogues sont inscrits en marge du ms. de Peiresc.

terre entre les deux, vestu de sa jaquette ou cotte bleue, au chapperon ou cappuchon r'abbattu sur les espaulles, tenant à sa main gauche un livre et de la droicte une plume ou un stile dont il aprenoit à escrire ou à lisre. Ayant la teste nue et les cheveux fort blonds, sans couronne, ce qui monstre que c'estoit du vivant du roy son pere; car, entre la mort d'iceluy et son couronnement, il n'eust pas loisir d'estudier [1], n'y ayant que 3 sepmaines, durant lesquelles le deffunct fut porté d'Auvergne à Sainct Denis, et luy sacré à Reims.

Le champ du tableau est en forme de tapisserie eschiquettée d'or, d'azur et de gueulles, qui sont les couleurs des armes de ladicte Blanche.

La priere [planche XIV].

A Laudes, le petit sainct Louys est representé à genoux contre un oratoire ou accoudoir (couvert d'un drap de pied jaulne), tenant ses heures à la main, oyant une messe haulte, celebrée par un prebstre qui porte une chasuble à l'antique sans estre fendue par les costez. Et les prebstres qui chantent au lettrain ont des chappes, aggraphées de grosses fibules d'or avec le cappuchon pendant derriere, de mesme estoffe. Derriere ce prince, il y a un clerc à genoux, vestu de rouge avec un surpelis blanc à grandes manches, tenant des heures en sa main, et prenant garde à celles où le prince lit ses prieres.

Le champ du derriere est d'une tapisserie violette.

Le voyage du sacre [planche VII].

A Prime, sainct Louys s'en va à Rheims à son sacre, dans un charriot à quattre roues, de simple bois, astellé comme une charrette d'un seul cheval de front entre deux timons (ou bras de charrette), lequel est couvert en forme de littiere de cuir rouge par dehors, cloué d'or et doublé de bleud par le dedans, brodé ou passemanté de rouge et blanc, avec des quarreaux verds pour se coucher dessus. Il est tout ouvert sur le devant, comme les vieux coches et,

---

[1]. Peiresc semble disposé à accorder ici et ailleurs aux détails des miniatures du livre d'heures une précision historique qu'il n'y faut point chercher.

aux costez, il y a des fenestres ouvertes dont les portieres sont relevées par dessus le comble, comme des littieres ouvertes. Le prince est dedans, assis comme les tailleurs, à pieds croixsez, vestu de rouge, teste nue sans couronne, se monstrant à une fenestre; sa mere se montre à une autre, n'en paroissant que le visaige, la teste revestue ou couverte de ses voilles blancs, ayant une couronne par dessus. Le reste de la robbe estant caché derriere les costez qui soustiennent l'imperialle du charriot, de sorte qu'on ne peult dire si c'estoit habit de couleur ou de deuil, si tant est qu'il s'en portast en ce temps là [1], car le fils n'en portoit pas, puis qu'il estoit vestu de rouge, encore qu'il fust dans le premier moys du decez du feu roy Louys VIII, son pere, qui mourut à Montpensier en Auvergne, d'une cheutte de son lict (possible d'un semblable lict branslant), l'octave de la Toussains, l'an 1226. Et le roy saint Louys fut sacré le premier dimanche de l'Advant, premier du moys de decembre audit an, selon la chronique ms. de Nangis.

Ce charriot est accompagné de sept ou huit hommes de cheval, dont l'un entr'autres a un manteau bleu fourré de vair et un certain chappeau à la bourguignotte, dont le rebord est doublé de rouge et vert endenté, et porte des gands, donnant s'il semble les commandements pour le chemin qu'il falloit tenir.

Le champ du derriere est d'une tapisserie lozangée d'or, d'azur et de gueulles semées de fleurs de lis d'argent.

Le sacre [planche VIII].

A Tierce est representé le sacre de saint Louys, vestu d'une tunique de drap d'or, à genoux sur un quarreau verd, devant l'autel, sa tunique fendue sur les espaulles. L'evesque de Soissons (pendant la vacance de l'archevesché, car Guillaume, archevesque [2], estoit mort au voyage où mourut le roy) vestu d'une chasuble violette, non fendue par les costez (sur laquelle se void la marque du pal-

---

1. On portait le deuil en noir au temps de saint Louis et même longtemps avant (Viollet-le-Duc, *Dictionnaire du mobilier*, article *Deuil*, t. III, pp. 332 et ss.).

2. Guillaume de Joinville, d'abord évêque de Langres, devint archevêque de Reims en 1219; il mourut à Saint-Flour, le 6 novembre 1226.

lium archiepiscopal [1] avec les croixsettes rouges), faict la sacrée onction sur les espaulles du petit roy toutes nues, tenant à sa main gauche la patene d'or où est le cresme. Il est adsisté de deux autres evesques en chappe et tous trois en mittre (avec trois clercs vestus de blanc qui portent la croix archiepiscopale et deux crosses), et des pairs laïcs vestus de long tout simplement, dont l'un a une callotte, beguin ou scoffion blanchastre lié sous le menton, soubs lequel paroissent les cheveux, selon l'usage de ce temps là. Sur l'autel, il n'y a rien qu'une simple croix d'or, et en l'air un petit vase d'or en forme d'ampoulle, suspendu soubs un petit pavillon.

La tapisserie de derriere est de rouge brun grenetté.

Le couronnement [planche IX].

A Midi, se void le couronnement de sainct Louys sur un theâtre ou jubé de charpante eslevé de la haulteur d'un homme, et tapissé de blanc, sur lequel le roy est vestu d'un manteau royal de drap d'or, fourré ou doublé de blanc, joignant les mains et regardant (ou bien tourné) vers l'autel, où l'evesque celebre la messe adsisté de diacre et soubs-diacre, revestus d'ornements bleus. Le roy est environné des pairs de France, à sçavoir quatre evesques mittrez à sa main dextre, et six aultres teste nue à sa gauche, excepté un qui a la callotte et est vestu d'un sercot de couleur de rose ou chapperon orangé et fourré, lequel advance le bras par derriere les testes de ceux qui sont devant luy, pour porter sa main à la couronne du roy et ayder à la soustenir.

La tapisserie de derriere est eschiquettée d'or, d'azur et de gueulles.

La courone d'espines [planche X].

A Nonne est representée la translation de la couronne d'espines

---

1. Cette circonstance montre bien, à notre avis, que l'auteur de ces miniatures se préoccupait médiocrement — et il n'en pouvait être autrement — de l'exactitude historique des détails de son œuvre : l'artiste, on le voit par ce détail du pallium, n'a certainement pas entendu représenter l'*évêque* de Soissons dont il ignorait évidemment le rôle accidentel au sacre de Louis IX, mais bien l'*archevêque* de Reims.

en la Sainte Chapelle[1], où se void un evesque mittré qui va devant avec le goppillon de l'eau benitte, suivy du roy assez aagé, couronné et habillé d'un sercot de couleur rose ou capperon fourré et r'abattu au tour du col, la pointe du cappucin pendante par derriere quasi jusques aux reins, des bas orangez, des souliers noirs semez de croisettes orangées ou comme si le soulier estoit decouppé à jour, lequel porte sur ses espaules les deux bras ou bastons de la fierte ou brancan sur lequel y a un grand carreau ou coussin verd couvert d'un drap de soye rayé, sur quoy est mise une grosse couronne d'or, ouverte par le bord en trois endroicts, à travers lesquels se discerne la couronne d'espines. La fierte ou le brancan est porté par derriere par un prince plus jeune[2], vestu d'un sercot orangé ou chapperon fourré, ayant la teste toute nue. Les pieds semblent nuds, avec des sandales ou soulliers decouppez à jour. Il ne se distingue pas bien si ce prince est tout seul pour porter les deux bras du derriere du brancan ou s'il n'en porte qu'un, laissant porter l'aultre à un aultre jeune prince qui est à costé de luy et marche en parallele ou mesme rang. Derriere lesquels marchent trois aultres seigneurs dont l'un a la callotte ou scoffion.

La tapisserie est bleue avec quelques poincts rouges.

LA MORT [planche XV].

A VESPRES, se void le TRESPAS de sainct Louys representé gisant, à demy assis, en son lict, malade, avec sa chemise ou cotte ou tunique blanchastre, une couverture de couleur de rose doublée de verd, sa couronne en teste (mais effacée exprez, comme une faulte de l'enlumineur), adsisté de deux evesques mittrez et en chappe, tenant chascun leur crosse rouge, à l'un desquels il semble que le roy presente une petite croixsette rouge qu'il a dans sa main, que l'evesque veult

---

1. On peut lire tous les témoignages relatifs à la translation des reliques de la Sainte Chapelle (août 1239) dans le savant ouvrage de M. le comte Riant (*Exuviæ sacræ Constantinopolitanæ*, t. II, pp. 241-258).

2. Ce jeune prince est Robert, comte d'Artois, le second des fils du roi Louis VIII et de Blanche de Castille; c'est du moins ce que dit Philippe Mousket dans sa Chronique (édition Reiffenberg, p. 667). Le transport des saintes reliques par les deux princes forme le sujet d'un vitrail de la Sainte-Chapelle, exécuté du vivant de Louis IX et reproduit en chromolithographie dans l'édition illustrée du *Saint Louis* de M. Wallon (p. 14).

prendre de la main gauche d'où il semble avoir osté le gan pour cet effect, car l'aultre main est gantée. Entre cez deux evesques, il y a un cardinal [1] vestu et enchapperonné de couleur de rose fourré, couvert par dessus d'un chappeau rouge [2], faict comme une simple escuelle renversée, sans aulcun bord, avec deux attaches rouges pendantes aux costez. Derriere il y a un prince vestu d'un sercot orangé à chapperon jaulne, fourré et renversé sur les espaulles, avec sa calotte ou son beguin lié soubs la gorge, ayant les bras croisez en posteure fort dolente. Il y paroit une aultre persone enchapperonnée d'un chapperon jaulne, et plus loin quattre aultres figures, teste nue fort tristes, et tous de bout. La tapisserie par derriere est lozangée d'or, d'azur et de gueulles, l'azur et les gueulles chargées de fleurs de lis d'argent fort menues.

Le sermon ou harangue funebre [planche XVI].

A Complie, ce peult estre la harangue funebre, car il semble que ce soit un sermon que faict un cardinal en chappe de couleur de rose, avec son cappeau rouge, adsisté de trois prelats mittrez, deux desquels qui sont à ses costez portent des crosses d'or et le troisiesme qui est derriere a une croix d'archevesque. Il y a encores derriere luy trois religieulx, l'un desquels se recognoit estre dominicain, l'aultre vestu d'un gris tanné pour cordelier ou carme, et le troisiesme noir, possible benedictin. Trestouts comme dans un jubé, tapissé d'estoffe rayée de verd, jaulme et rose seiche (si ce n'estoit que ce fust la biere du roy deffunct [3]), tant il y a qu'ils semblent estre relevez sur le reste de la compagnie, laquelle est en bas assise par terre, en posteure attentive, comme pour ouyr le sermon, où se void encores le prince vestu d'orangé avec son beguin et sept aultres figures, les unes avec leurs chapperons vestus (entre aultres une à robe verte et chapperon jaulme) les aultres teste nue. Au prez de laquelle compagnie, il y a un jeune prince de bout, teste nue, vestu d'un sercot bleud, au chapperon orangé doublé de verd rabattu sur les espaulles, lequel tend la main au cardinal qui parle

---

1. La présence de ce cardinal n'est peut-être pas en rapport avec l'histoire.
2. « Les chappeaux rouges avoient esté donnez aux cardinaux par le pape Innocent dez l'an 1252 (note marginale de Peiresc) ».
3. Cette parenthèse est tirée d'une addition marginale de Peiresc.

à luy et luy presente une croisette rouge. Ce pourroit bien estre le filz du roy, avant son couronnement et, pour ce, ne portant pas couronne.

La tapisserie du derriere est de rouge brun, croisé de noir.

Et à la fin de l'office est escript en rubrique :

CY FINENT LES HEURES MONSEIGNEUR SAINT LOYS
ROY DE FRANCE ET CONFESSEUR.

Aprez : sainct Martin, sainct Gilles et sainct Joce.

CY COMMENCE MEMOIRE DES RELIQUES ET DE TOUS AUTRES
MARTYRS.

Antienne : *Isti etenim maximo digni sunt honore*, etc.

RELIQUES DE LA SAINCTE CHAPELLE [planche XI].

LA SAINCTE CHAPELLE, ou un autel orné de ses nappes blanches, avec un bord à l'entour conpponné de France et de Bourgogne pures, avec des franges pendantes orangées. Sur lequel se void la petite croix d'or de son ornement ordinaire et une grande croix servant d'enchasseure à du boys de la Vraye Croix. Ensemble une aultre de mesme sorte, mais en forme de croix patriarchale avec double croixsillon, remplie aussi du boys de la Vraye Croix. La couronne d'espines enchassée dans une couronne d'or. Et le chef sainct Louys, couronné et vestu d'or, painct en couleur de chair (les cheveux gris, la barbe rase [1], mais paraissant la racine grisastre), sans estre supporté par des anges, comme il a esté faict.

---

[1]. La barbe « rase » et non rasée ; Peiresc entend sans doute parler ici d'une barbe courte ou coupée avec des ciseaux, car la barbe est visible dans le dessin qui reproduit cette miniature. Remarquons, à ce propos, que le chef de saint Louis, dans la grande chasse de la Sainte Chapelle gravée dans l'ouvrage de Morand (*Histoire de la Sainte-Chapelle*, p. 40), est ornée d'une barbe courte,

Devant cet autel, il y a cinq figures à genoulx, l'une du roi Louis Huttin [1], ayant un gros visage jouffleu (comme il est en son tombeau, et comme il estoit en la sale du Palais), la barbe rase, mais dont les racines paroissent blondes, et sa couronne d'or par dessus. Sa chevelleure longue est fort blonde. Il est vestu d'un sercot de couleur de rose, à grand capucchon pendant derriere les espaules, fourré, les manches couppées et si amples qu'elles font quasi l'effect du camail des evesques, ses mains sont joinctes et ses bras vestus d'orangé.

Derriere luy est la royne Jeanne de Bourgogne [2] sa femme, couronnée, vestue de sa robbe de mesme couleur de rose un peu plus grisastre, à grand chapperon r'abbattu sur les espaules, fourré de vair, et les longues manches pendants des deux costez (et rendants l'effect d'un manteau), lesquelles sont fendues et en sortent les bras vestus d'orangé.

Derriere le roy, il y a un jeune prince [3], teste nue, vestu d'orangé, les mains jointes; derriere la royne, il y a un vieille matrone vefve avec un couvre-chef blanc qui lui enveloppe la gorge et le menton, vestue neanmoins de verd, laquelle peut estre Agnès, fille de sainct

---

tandis qu'il est sans barbe dans la grande gravure (*Le chef de saint Louis*) qui forme le frontispice de l'édition de Joinville, donnée par Ducange.

1. Ce prince n'est certainement pas Louis Hutin, mais Philippe de Valois : ce qui le prouve incontestablement, ce sont les armes de France et de Bourgogne alternées sur la nappe de l'autel (les armes de France pour le roi Philippe de Valois, celles de Bourgogne pour la reine Jeanne de Bourgogne, sa femme) et qui ne peuvent faire allusion à Louis Hutin et à sa première femme, Marguerite de Bourgogne, puisque cette princesse fut l'épouse, non du roi de France, mais du roi de Navarre, comte de Champagne, Louis Hutin ayant seulement régné en France de 1314 à 1316. Au reste, le roi ici représenté rappelle beaucoup, avec sa figure courte et large, ou ce « gros visage jouffleu » comme s'exprime Peiresc, le Philippe de Valois de la peinture sur fresque exécutée, sous le règne de ce prince semble-t-il, au-dessus de la porte de la chartreuse de Bourgfontaine, en Valois, et reproduite par Montfaucon (*Les Monumens de la monarchie françoise*, t. II, p. 286).

2. Jeanne de Bourgogne n'était pas la femme du roi Louis Hutin, comme le veut Peiresc, mais bien celle du roi Philippe de Valois. Il faut donc ici laisser subsister son nom, si l'on considère avec nous que Peiresc, huit lignes plus haut, s'est trompé en nommant le roi Louis Hutin.

3. Le prince Jean, plus tard roi de France. Il était né en 1319 et avait, par conséquent, une douzaine d'années, lors de l'exécution du livre d'heures.

Louys, mere d'icelle Jeanne[1]. Il y a encor une teste dont il ne paroit que le visage[2].

La tapisserie de derriere est violette et toute remplie de testes d'anges ou de saincts priants Dieu, marquez en clair et brun.

A l'entour, il y a un singe armé d'un espieu et d'un escu mi-party de Navarre et de France, combattant avec un champion armé d'un escu de Navarre, et d'un bouton sur lequel le singe vise ; un aultre petit garçon frappant le singe avec un aultre espieu. Un aultre singe qui joue des timballes dorées, auprez d'un marmouset qui joue du violon. Un troisiesme singe qui tient un autre engin incongneu et une femme laquelle porte une aultre femme sur ses deux espaulles, toute droicte, les pieds plantez sur lesdites espaules comme les forces des batelleurs.

[CI FINENT LES HEURES MONSEIGNEUR SAINT LOYS, ROY DE FRANCE ET CONFESSEUR].

Et tout ensuitte, mais en article separés, de diverse main et diverse rubrique et plus menue escriture.

ET CI APRÈS COMMENCENT LES PETITES HEURES DE LA CROIZ QUE L'EN APELE LES HEURES DU PARDON, LES QUELES LE SAINT PERE LE PAPE JEHAN LE VINT ET DEUSIESME FIST ET ESTABLI A DIRE EN LA REMEMBRANCE DE LA PASSION NOSTRE SEIGNEUR JHESU CRIST, ET OSTROIA A TOUS ET A TOUTES QUI DEVOTEMENT LE DIRONT.

A MATINES. Il met la capture de Nostre Seigneur dans le jardin d'Ollivet.

---

1. Agnès de France, duchesse douairière de Bourgogne, étant morte en 1327, c'est-à-dire l'année qui précéda l'avènement de Philippe de Valois au trône, il est impossible, dans notre système, de reconnaître en elle la « matrone » de la planche XI.

2. Cette autre personne, placée entre le prince Jean et la « matrone », doit représenter Marie de France, la seule fille issue du mariage de Philippe de Valois avec Jeanne de Bourgogne; cette princesse, mariée par contrat le 8 juillet 1332 au fils aîné de Jean III, duc de Brabant, mourut le 22 septembre 1333 et fut ensevelie aux Cordeliers de Paris (Anselme, *Histoire généalog. de la maison de France*, t. I, p. 104). Dans ce cas, on aurait une raison de plus d'attribuer le

Et au chatton ou cadeau de la lettre d'en bas, il y a une teste de soldat maillé de son camail qui luy munit le col, le menton et les oreilles, avec un heaulme doré mis par dessus, sans creste, ayant la visiere levée, percée comme un crible.

A Primes sont mis les soufflets à teste voillée.

A Tierce, le portement de la croix.

A Midi, le crucifix mourant.

A None, le crucifix mort et le coup de lance.

A Vespres, la descente de croix.

A Complie, l'ensevelissement.

Au cadeau d'en bas, un escusson mi-party de Navarre et de

France, c'est-à-dire de la moitié de l'escarboucle (et non de l'escarboucle entiere, au quel cas on diroit « party ») et de la moitié des fleurs de lis sans nombre, commenceants à l'assemblage du mitan de l'escu par des fleurs de lis parties, ce qui ne se seroit pas, si on disoit « party », car elles seroient entieres.

Ce sont les vrayes armes de cette princesse Jeanne, fille du roy Louys Huttin, née auparavant la dissolution du mariage de sa mere, tandis que ce prince n'estoit que roy de Navarre. Elle met la Navarre devant la France, à cause qu'elle en estoit royne, et la France seulement pour marque de sa tige paternelle.

A un autre des cadeaux de la fin de cet office, y a un petit marmouset qui tient un escusson, penchant, de fleurs de lis sans nom-

---

livre d'heures aux environs de l'année 1330. Quelques années plus tard, après la naissance du duc d'Orléans, le plus jeune des enfants de Philippe de Valois et de la reine Jeanne, le miniaturiste aurait figuré deux princes.

bre, à la bordeure de gueulles chargée de douze besants d'argent, telle que la borda Charles, comte d'Alençon [1], lequel possible avoit

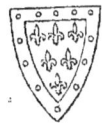

donné ou faict faire cez heures à cette princesse, si ce n'est que comme elles peuvent avoir appartenu à diverses personnes, chascune y aie faict inserer quelques marques de sa maison [2].

Ci après commence une oroison de Nostre Dame.

Doulce, *etc.*

Il y a une image de la Vierge debout portant un petit Jesus, devant la quelle est l'image de cette royne, à genoux et mains joinctes, vestue d'une robbe en forme d'un grand manteau de couleur de rose, doublé de vair, ayant comme un grand chapperon r'abbatu sur les espaulles comme ceux des hommes; les manches de ses bras orangées.

La tapisserie de derriere est faicte à losanges de Navarre, d'Evreux

et d'or; l'or diversifié de dragons, lyons, cinges, lievres, daulphins, oiseaux et autres animaulx vrays ou imaginaires, umbrez et formez de seuls traicts de sable, selon l'usage de ce temps là.

---

1. Frère puîné du roi Philippe de Valois.
2. Il est possible que le livre d'heures de la reine Jeanne de Navarre ait appartenu à quelqu'un de la maison d'Alençon, par exemple à Catherine d'Alençon, fille du comte Pierre II, laquelle épousa, en août 1411, Pierre de Navarre, comte de Mortain, frère puîné de Charles III, roi de Navarre, et petit-fils par con-

Aultre oroison à Nostre Dame :

Trez douce, etc., moi, pecheresse, etc.

La Vierge y est assise, et cette royne à genoux et mains joinctes devant, vestue d'un manteau violet à grand chapperon fourré de menu vair ; les manches sont de couleur de rose.

Autre de mesmes, où est encores la royne comme en la premiere.

Belle trez douce, etc.

Aux prieres du Bon Ange.

Il se void un ange conduisant cette princesse par la main, laquelle porte ses heures à la main et est vestue d'une grande robbe bleue fourrée de vair, à longues manches pendantes et trainantes à terre à l'italienne, avec le grand chapperon fourré, r'enversé sur les espaules et sur le sein. Et parce qu'elle est troussée par devant, on void par dessoubs une juppe de couleur de rose, de mesme estoffe dont sont vestus les bras, passez par les fentes des grandes manches du manteau. L'ange lui presente un pauvre qui demande l'aumosne.

Oroison à la Trinité, à Nostre Seigneur.

Un Christ flagellé et cette princesse à genoulx, avec la robe violette foncée et les bras vestus d'orangé. La tapisserie tendue par derriere, lozangée de simple Navarre et de simple Bourgogne an-

---

séquent de la reine Jeanne II. Catherine, devenue veuve le 29 juillet 1412, épousa le 1ᵉʳ octobre 1413 le duc Louis de Bavière, frère de la reine Isabeau, et mourut elle-même le 22 juin 1462. (*Ibid.*, t. I, pp. 271 et 286.)

cienne, c'est-à-dire de l'escarboucle d'or en champ de gueulles, et des bandes d'or et d'azur de six pieces à la bordure de gueulles, qui sont les vrayes armes de la mere de cette princesse, Jeanne [1] de Bourgogne, femme de Louys Huttin, roy de Navarre.

Priere contre les VII pechiez mortielx à la Vierge.

Un cadeau où est la Vierge assise, et cette princesse à genoux tournée par le devant et faisant par ce moyen paroistre les longues manches pendantes de son manteau ou robe orangée, fourrée de vair, et les bras vestus de couleur de rose.

Autre à Nostre Dame.

La Vierge assise et cette princesse à genoulx avec sa veste ou mante jaulne fourrée, à longues manches pendantes dont elle en releve une avec ses mains ; le capuchon pend par derriere et ses bras sont vestus de verd.

Encore deux autres pareilles, en l'une desquelles,

Devant la Vierge assise, cette princesse est à genoux, tournée en devant, avec sa robbe violette fourrée, et longues manches, et ses bras vestus de blanc.

Le françois du latin : O intemerata. *Nouel.*

Une Vierge assise allaictant son petit Jesus. Et cette princesse à genoux, devant un oratoire tapissé de toile d'or sur lequel sont ses heures. Elle est vestue de sa robbe de couleur de rose, à longues manches dont elle en releve l'une avec ses mains jointes. Le cappuchon paroît par derriere pendant jusques aux reins, et la fourrure est de vair, les bras vestus d'orangé, et le quarreau (sur l'acoudoir, soubs la toile d'or) orangé.

---

1. Lisez *Marguerite*, comme plus haut, p. 30).

*Ce sont les V pseaumes et les V antiennes,
qui se commencement par les V lettres de Maria.*

Sus M.	*Magnificat*	*Missus est angelus*
Sus A.	*Ad dominum cum tribularer*	*Alma Redemtoris*
Sus R.	*Retribue servo tuo*	*Regali ex progenie Maria exorta refulget, cujus precibus adjuvari mente et spiritu devote..... possim*
Sus I.	*In convertendo*	*Ista est speciosa inter filias Hierusalem*
Sus A.	*Ad te levavi oculos meos*	*Anima mea liquefacta est.*

Un champion preparé à combattre avec une espée et un escu de Navarre.

La commemoration de la Nativité Nostre Seigneur Jhesu Crist.

Hodie Christus natus est, etc.
La Nativité, et, plus bas, les Bergers.
Et, en la page suyvante, un jeu d'un garçon assis contre lequel viennent deux autres pour luy frapper aux pieds, yeux, mains.

La commemoration S. Nichaise

Un evesque à genoulx, à qui on tranche la teste, et sa sœur laquelle creve les ieux au bourreau [1].

Plus bas deux anges accompagnant le saint evesque qui porte son chef entre les mains.

Au cadeau, la royne à genoux, avec la grande robe verte, fourrée; ses bras orangez.

---

1. Ce trait de sainte Eutropie, sœur de saint Nicaise, évêque de Reims, est déjà rapporté au xe siècle par Flodoard, dans l'*Historia Remensis ecclesiæ*, (l. 1, c. v.).

A costé, une ostruche qui tient un fer de cheval en son bec; un garçon qui luy sonne de la flûte; une fille laquelle tient un instrument de fer, comme une cremilliere, entre les dents, et avec les deux mains par les bouts, d'ont l'un est crochu et fourché (possible une espèce de sansoigne, ou instrument des laquais). De l'autre costé, une autre fille qui sonne d'une espinette en triangle, placquée contre son estomac avec ses deux mains tournées de bas en hault, et un garçon qui tient avec les dents une espée nue par le tranchant, sans y toucher des mains.

Commemoration monseigneur saint Martin.

O virum ineffabilem, etc.

Le saint personage à cheval coupant avec son espée une partie de son manteau fourré de vair pour le donner à un pauvre, et dans le ciel un Christ qui tient le pan du manteau entre ses bras. La tapisserie de derriere faicte à lozanges de Navarre et d'Evreux. En bas, les œuvres de charité envers les pauvres de l'evesque saint Martin.

En hault un singe qui joue du viollon de quatre cordes avec l'archet. Et une fille qui joue de l'espinette à guise de luct [1], appuiée contre la poictrine et faicte en forme de triangle.

S.t Giles avec sa biche, qu'on luy vient chasser en son giron.
S.t Joce avec ses poissons, oiseaux et biches qu'il paist.
En bas, une chasse aux lievres avec l'arc,
Un garçon qui tire de la fonde
Des enfants qui jouent à [la man caude [2]] avec une fille.

---

1. Le croquis de Peiresc montre qu'il s'agit du *psalterion*, dont Viollet-le-Duc a donné plusieurs représentations, d'après les manuscrits du moyen âge (*Dictionnaire du mobilier*, t. II, pp. 301-305).
2. Peiresc a mis lui-même ces mots entre crochets.

Ci commence memoire de reliques, etc. *Vide supra*

En divers endroicts du livre, les cadeaux ou champs des lettres capitales des psaulmes ou oraisons sont d'azur fleurdelisé d'or. En quelque endroict est demeurée, à travers, la bande d'Evreux conpon-

née d'argent et de gueulles; mais il y en a une infinité où il se recognoit que ladite bande conponnée y avoit esté peinte du commancement, mais qu'on l'a depuis effacée et recouverte d'azur rechargé de fleurs de lis de ceruse au lieu d'or, selon que le livre avoit changé de main et qu'il estoit, possible, retombé ez mains de quelque autre fille de France.

Ci commence ce que l'on doit dire quant on veult recevoir le corps Jhesu Crist.

Antienne : *Domine, non sum dignus,* etc.

Un prebstre celebrant, tournant le dos à l'aultel, presentant de la main droicte le Saint Sacrement et de la gauche le calice à cette royne à genoux, vestue de sa robbe verte fourrée, au grand capuchon et grandes manches, les bras vestus de gris violaut.

Plus bas, deux enfants qui jouent aux quilles ne paroissant que six quilles que l'un des enfants veult abbattre de loing, non avec une boulle, mais avec un baston.

Ci commence une tres especial oroison de Nostre Dame.

Dans le cadeau, la Vierge debout et cette princesse à genoux, vestue de sa grande robbe orangée fourrée, ses bras vestus de verd.

Deprecor te, o Domina sanctissima Maria, mater Domini nostri

Jhesu Christi, pietate plenissima, summi regis filia, mater gloriossima, mater orphanorum, consolatio desolatorum, via errantium, salus in te sperantium, virgo ante partum, virgo post partum, virgo in partu, fons misericordiæ, fons salutis et gratiæ, fons pietatis et lætitiæ, fons consolationis et indulgentiæ, ut intercedes PRO ME, ANCILLA TUA, JOANNA NAVARRE REGINA, ante conspectum filii tui, ut per sanctam suam misericordiam et tuam sanctam intercessionem mihi concedat, ante tempus mortis meæ, puram de peccatis meis confessionem et veram pœnitentiam et, post mortem, cum sanctis et electis suis, vitam et requiem sempiternam. Amen [1]. Etc.

LES VEGILES DES MORS, etc.

Place b... [2]. AUX VESPRES.

Un prebstre assis prez de l'autel, tandis que les autres chantent au lettrain, derriere lesquels y a une biere couverte d'un linge blanc et d'un drap d'or par dessus, avec un rang de cierges bruslants deça et delà, et au dessoubs trois vases (possible des offrandes). Et à costé deux personnes pleurants en deuil, c'est-à-dire avec leurs capuchons ou chapperons sur leur teste, mais non de couleur noire, ains de couleur de rose doublé d'orangé et les bras vestus de verd.

Dans les bordeures, il y a des vendengeurs qui portent du raisin dans des hottes, un autre qui foulle des raisins dans la cuvette. Des marmousets qui sonnent de la flutte, des orgues tenus comme la harpe à double traquet deça et delà par les deux mains.

CI FINENT LES VEGILES DES MORS SELONC L'USAGE DE LA COURT DE ROME.

CI APRÈS COMENCENT PLUSIEURS SUFFRAGES ET LES YMAGES QUI Y APARTIENENT.

COMMEMORACION DE LA SAINTE CROIX.

Sainte Heleine qui faict fouiller en terre pour chercher la croix,

---

1. Une autre copie de cette pièce se trouve dans le ms. de Carpentras à la suite de l'office de saint Louis (f° 112 r°).
2. Ici un mot illisible, peut-être par suite d'une abréviation.

et après en toucher un mort qui ressuscite. Cette royne estant à genoux, à costé, vestue d'une robbe orangée fendue au droit des manches sans foureure, sans chapperon et sans manches, les bras vestus de rose seiche.

Au cadeau, un ange qui joue des orgues à mode de harpe.

Un singe maillé, combattant avec sa petite rondache et un espieu contre un autre marmouset armé de rondache et d'espée.

S^t. Michiel Archangre.

Deux anges, l'un tuant le dragon, l'autre tenant la balance.

Un evesque malade au lict, consolé par un ange.

Deux chasseurs, l'un coiffé d'un bourrellet ou chapperon sonnant du cor, l'autre tirant de son arc contre une beste fauve dans sa tannière.

Une figure tenant en chasque main, comme des lampes ou autre vase sans pied, comme des cloches renversées, d'or, avec le *batoccio*, battant, ou lumignon de la lampe.

Au cadeau, une jeune fille, laquelle presente un anneau verd ou couronne à un jeune garçon.

Commemoracion de tous les sains anges.

Neuf anges debout, et, en bas, cinq anges assis, jouans de divers instruments; l'un, des orgues tenus comme la harpe; l'autre, de la harpe mesmes; le troisiesme, des timbales à bras croixsez; le quattriesme, de l'espinette triangulaire placquée contre l'estomac, la poincte en bas, et la base en hault, jouée comme noz lucts; le cinquiesme, de la guiterne [1].

Deux marmousets, l'un sonnant de deux trompettes en mesme temps, dont l'une est courte et portée en bas, l'autre fort longue

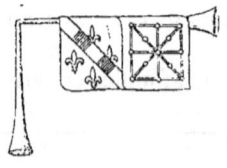

---

[1]. Ou mieux *guiterne*. « Cet instrument à cordes pincées, dit Viollet-le-Duc (*Dictionnaire du mobilier*, t. II, p. 276), est un dérivé de la cithare et de la rote. »

portée en avant et ornée d'une banniere partie d'Euvreux et de Navarre entiers. L'autre est armé en champion, espée et rondache.

Monseigneur saint Jean Baptiste.

La Nativité de Saint-Jean, la Visitation ; la royne à genoulx.
Divers marmousets.
Des garçons qui jouent à la courte boulle.

S. Jean apostre et evangliste.

Saint Jean en la Porte Latine, et resuscitant un mort.
Deux champions combattans, armez d'espée et rondache.

S. Pierres apostre.

Saint Pierre pontificalement habillé de chasuble et de mittre non fendues.
Son crucifiement.

III roys de Cologne.

Les Trois Roys parlants à Herode,
Les Innocents.

S. Lienart confesseur.

Un diacre qui tient deux esclaves enchainez [1], et plus bas le saint derriere une charrette chargée de vin et le charretier avec un baston qu'il leve pour en frapper le sainct [2].
Un marmouset portant un barril sur les espaules et un espieu.

---

1. Ceci est une allusion à la légende de saint Léonard, lequel, peut-être en raison de la première partie (*lien*) de son nom populaire *Lienart*, était invoqué par les prisonniers désireux de recouvrer la liberté.
2. Cette seconde miniature ne paraît pas se rapporter à la légende de saint Léonard; l'histoire ici représentée est tout à fait identique à celle de saint Marcel, de Châtillon-sur-Seine, telle que la raconte au milieu du xive siècle l'auteur du *Renart contrefait* (Tarbé, *Poètes de Champagne antérieurs au siècle de François Ier*, pp. 51-53).

Un autre qui souffle dans un soufflet par le tuyeau, et de l'autre main, tien[t] un godet ou lampe comme dessus.

Ci comence commemoracion de S. Loys de Marseille, evesque, de l'ordre des freres menevrs.

Ludovicus est ingressus, etc.

Le saint evesque mittré, vestu de l'habit de cordellier à grande manche et sa chappe fleurdelisée (aux lambeaux de gueulles) par dessus, doublée d'orangé et aggraphée d'un fermail en losange d'or. Le cappucin de cordellier passant par dessus, au lieu du cappuchon de la chappe. Il vient servir quatre pauvres assis à la table, tous d'un costé [1].

Au cadeau, le sainct est assis sur un autel et la royne à genoux

devant l'aultel, vestue de verd, les bras orangez [2].

Plus bas, une mer dans laquelle paroissent diverses personnes

---

1. C'est notre planche XII. Il est impossible de ne pas être frappé de la ressemblance de cette composition, le personnage principal mis de côté, avec la miniature qui, dans le ms. illustré de l'ouvrage du confesseur de la reine Marguerite, représente le roi saint Louis donnant à manger aux pauvres (voir plus haut, p. 20).

2. Cette figure se trouve reproduite à la plume, dans le ms. de Venise (f° 89), au-dessous du sujet qui forme notre planche XII.

qui se noyent et une entr'autres qui reclame le sainct, lequel y accourt [1].

Aux bordeures, un garçon et une fille assis sur un banc, les quels jouent aux escheqs en un tablier mis entr'eux sur le banc. Une autre fille avec un peigne à une main, et un miroir à l'autre, tout rond. Deux garçons qui jouent à la paulme avec une espèce de ballon et à la paulme de la main.

S^t. Denis et de ses compaignons martirs.

Le martyre des saincts.

Aux bordeures, une Lucrece ou autre fille qui s'esgorge avec une espée tout de bout, et un garçon estonné qui se retire. Une quintaine, de deux garçons qui courent à pied avec une lance, mirants dans un escusson tenu par un jaquemart, et un autre, derriere, qui porte une gibessiere pour le prix du vainqueur. Un autre garçon qui tient un plat en l'air sur un baston, en æquilibre.

S^t. Nicholas evesque, etc.

Le saint parlant aux trois garçons; jetant de la monoye chez le pere aux trois filles, etc. [2].

Aux bords, un cinge assis tenant une fiolle et un livre escript, affeublé d'un mantellet fleurdelisé à la bande d'Euvreux, doublé d'orangé.

Quatre garçons qui portent une longue table sur laquelle est assis un homme (jambes croisées comme les Turcs), ayant une calotte ou scoffion ou beguin, relié soubs le menton, levant la main comme pour commander quelque chose, et un autre à costé qui tient un baston et les regarde marcher. Soubs la table, il y a du bled tout meur en son espy, prest à sier.

---

1. Allusion à un fait rapporté dans la vie de saint Louis, évêque de Toulouse, qu'ont publiée les Bollandistes, tome III du mois d'août (pp. 806-822). — Le sujet décrit ici occupe dans le ms. de Peiresc la partie inférieure du f° 89.
2. Le premier de ces traits de la légende de saint Nicolas est le plus connu; il a fait choisir le saint évêque de Myrrha pour le patron des garçons. Le second a été popularisé au moyen-âge par la Légende Dorée et c'est sans doute en raison du rôle qu'il y joue que, dans certaines contrées, en Lorraine notamment, saint Nicolas remplace le bonhomme Noël pour les enfants auxquels il apporte des présents dans la nuit du 6 décembre.

Ci comence les heures de Nostre Dame, de l'Avent.

L'Annonciation etc.

Un jeu de paulme, ou deux garçons jouant à la longue paulme avec le plat ou paulme de la main et des pe[t]ites balles, rejettées sur le toict d'un petit taudis, à la fenestre duquel il y a une personne enchaperonnée qui juge des coups et un autre assis par derriere qui les void faire.

Un garçon à genoux devant une fille, laquelle luy presente un grand anneau ou chappeau de fleurs.

Un marmouset qui joue du triangle de fer avec les annellets et le touche avec des cremillieres, estant coiffé d'un pot de fer à cuire viande et appasté avec une cueiller par un ange qui porte un plat de soppe.

Les heures Nostre Dame, de Noel a la Chandeleur.

Le psaultier sainct Jherosme.

III

OFFICE DE SAINT LOUIS

D'APRÈS LE LIVRE D'HEURES DE JEANNE II, REINE DE NAVARRE[1]

Cy commencent les heures Monseigneur saint Loys, roi de France.

A Matines

Domine, labia mea, etc. *Invitatoire*. Regem per quem reges regnant, venite, adoremus. *Pseaume*. Venite, exultemus.

Hyemne.   Jocundetur Ecclesia
Dulce producens canticum,
De cujus orto lilia
Fructum reddunt mirificum.

Fructu vitæ jam vescitur
Ludovicus in gloria,
Cujus vultus dignoscitur
Resplenduisse gratia.

De quieto regimine
Gloriabantur subditi,
Nullo pressi gravamine
Tutela regis incliti.

---

1. L'Office et les quelques pièces qui suivent sont transcrits *in-extenso* dans le recueil de Peiresc, mais d'une autre main que la sienne, et il y occupe les feuillets 97 r° à 112 v° ; nous ne donnons naturellement de cet office que ce qui est

Impendebat obsequium
Infirmis et debilibus
Non negans beneficium
Personis indigentibus.

Præsta, Pater piissime,
Ludovici suffragiis,
Splendorem lucis intimæ
Quo mundemur a vitiis. Amen.

Antienne. Sanctus voluntatem. *Pseaume.* Beatus vir, etc.

Antienne.   Sanctus voluntatem
                 In lege Dei fixit [1]
                 Qui cordis puritatem
                 Servavit, cum vixit.

Antienne. A Deo constitutus. *Pseaume.* Quare fremuerunt, etc.

Antienne.   A Deo constitutus
                 Rex custos justitiæ,
                 Cum eo consequutus
                 Est solium gloriæ.

Antienne. Tu sanctum. *Pseaume.* Domine quid multiplicati, etc.

Antienne.   Tu sanctum, Domine,
                 Regem suscepisti
                 Qui sine crimine
                 Cultor fuit Christi.

Verset. Circumcinxit, etc. *Respons.* Et induit, etc. Pater noster *toute.* Et ne nos inducas in tentationem. Sed libera nos a malo. Amen.

Jube, domine, benedicere.

---

spécial à saint Louis. Les leçons et quelques-unes des hymnes se retrouvent dans l'office de la Translation de saint Louis (25 août) d'un bréviaire parisien du xiv[e] siècle, conservé à la Bibliothèque nationale, fonds latin, n° 1024.

1. Le ms. porte *fuit.*

Beneïçon. Benedictione perpetua ben[ed]icat nos Pater æternus. Amen.

La premiere leçon. Beatus Ludovicus, multorum annorum spatio, regni Francorum regimine discrete et pacifice præfuit. Hic cum tricesimum quartum annum ætatis attigisset in Terræ Sanctæ subsidium cum copiosa exercitus multitudine transfretavit. Cumque ad partes ultramarinas venisset, post Damietæ captionem ab exercitu christiano, subsequuta ipsius exercitus generali egritudine, in manus Soldani et Saracenorum incidit, illo permittente qui de malis bona novit educere et facere cum temptatione proventum. Nam, Soldano ipso cito post a suis interempto, prædictus rex fuit, non sine divini, ut pie creditur, operatione miraculi, liberatus. Tu autem, domine, miserere nostri. Deo gratias.

Respons.   Felix regnum cujus rex providus,
   Pacificus, pius et pudicus,
   In adversis semper intrepidus !
   Talis fuit sanctus Ludovicus.

   ℣. Rex erigit terram et patriam
   Qui diligit sequi justitiam.
   Talis fuit sanctus Ludovicus.

Jube, domine, benedicere.
Beneïçon. Unigenitus Dei filius nos benedicere et adjuvare dignetur. Amen.

La seconde leçon. In partibus illis, ubi Sanctus pro Christo tot et tantos agones habuit, tam virtuosos actus exercuit, tanta sanctæ ædificationis exempla præbuit, quod lingua vix sufficeret enarrare. Inde vero, morte suæ matris audita, reversus in Franciam, sic sanctitatis insistebat operibus quod ut ipsius jejunia vigilias et disciplinas multimodas pretereamus. Plura monasteria et pauperum hospitalia construxit, infirmos et decumbentes inibi visitando personaliter, et manibus propriis ac flexo genu eis cibaria ministrando. Hoc autem humilitatis immense ministerium leprosis quibusdam legitur impendisse. Tu autem, Domine, miserere nostri. Deo gratias.

Respons.   Paupertatis — larga subsidia,
   Veritatis — æqua justitia,
   Honestatis — certa judicia

Sanctitatis-sunt testimonia
Pia regis.

℣. O quieta — gregis protectio,
O discreta — recogitatio
Summæ legis !

Jube, domine, benedicere.

Beneïçon. Spiritus sancti gratia illuminare dignetur sensus et corda nostra. Amen.

La tierce leçon. Sic autem incrementum fidei et liberationem Terræ Sanctæ votis ardentibus anelabat quod, assumpto denuo signo crucis, ad partes rediit cum immenso exercitu transmarinas. In quibus, post captionem Carthaginis, in castris ante Tunicium, gravis infirmitatis violentia superatus, sacrosancta ecclesiastica cum summa devotione, premissa salutari successoris admonitione, suscepit. Instante vero ipsi verisimiliter hora mortis, verba quæ Christus moriens protulisse legitur, ista videlicet : *In manus tuas, Domine, commendo spiritum meum,* devotus exprimens suo spiritum reddidit Creatori. Tu autem, domine, miserere nostri. Deo gratias.

Respons.   Aspersor divitiarum
Erogando pauperibus,
O spretor deliciarum
Insistendo laboribus;
Defensor ecclesiarum
Suis favendo juribus,
Duc nos ad regnum præclarum,
Tuis juvando precibus.

℣. Qui tot ægris præstitisti
Curationum gratiam,
Nobis confer, dono Christi,
Transgressionum veniam,
Tuis juvando precibus.

Gloria Patri, etc. *Pseaume* (sic). Te Deum, etc.

Conlaudabunt multi sapientiam ejus,
Et usque in seculum non delebitur memoria ejus.

DE SAINT LOUIS

C<small>I COMMENCENT LAUDES DE MONSEIGNEUR SAINT</small> L<small>OUYS</small>.

Deus, in adjutorium, etc. *Antienne.* Nunc laudare.
Pseaume. Dominus regnavit. *Pseaume.* Jubilate, Deo, omnis terra. *Pseaume.* Deus, Deus meus, ad te de luce vigilo. *Pseaume.* Deus misereatur nostri. *Pseaume.* Benedicite, omnia opera Domini, Domino. *Pseaume.* Laudate Dominum de cœlis. *Pseaume.* Cantate Domino canticum novum. *Pseaume.* Laudate Dominum in sanctis ejus.

Antienne.   Nunc laudare Dominum
    Debet plebi fidelis :
   Persecutor criminum
    Rex regnat in cœlis.

Chapitre. Dedit Dominus, etc.

Ympne.   Ympnum dicant cum gaudio
   Cuncti cœlus Ecclesiæ :
   Sedet in cœli solio
   Ludovicus, rex Franciæ.

   Rex præceptis Dominicis
   Apponens diligentiam,
   Sedem in sede judicis,
   Dissipabat malitiam

   Sumpto crucis signaculo,
   Captus ab Infidelibus,
   Cultu colebat sedulo
   Deum verbis et actibus.

   Mors timetur ab omnibus,
   Nave collisa subito ;
   Sed liberantur precibus
   Pii regis et merito.

   Præsta, Pater piissime,
   Ludovici suffragiis,

Splendorem lucis intimæ
Quo purgemur a vitiis. Amen.

Verset. Iste curavit gentem suam.
Respons. Et liberavit eam a perditione.
Antienne. Rex sub quo. *Pseaume.* Benedictus Dominus Deus Israel, quia visitavit...

Antienne.   Rex sub quo vixit Francia
Pacifice,
. . . .
Thronum fecit justitia,
Ludovice;
Te precantes
Et laudantes
Veridicæ
Pietatis
Aspectu nos respice.

Oremus (oraison). Deus, qui beatum Ludovicum confessorem tuum de terreno ac temporali regno ad cœlestis et æterni gloriam transtulisti, ejus, quæsumus, meritis et intercessione, regis regum Jesu Christi, filii tui, nos cohæredes efficias et ejusdem regni tribuas esse consortes. Per eumdem, etc.
Domine, exaudi orationem meam, etc.

Ci commence Prime de saint Louys.

Deus, in adjutorium, etc.

Ympne.   *Jam lucis ordo sidere,*
Ludovicum ex viribus
Studeamus attollere
Dignum decretis laudibus.

Ab ætatis primordiis
Fecit hunc mater imbui
Virtutibus, scientiis,
Et studere profectui.

Præsta, Pater piissime, etc.

Antienne. In misericordiæ. *Pseaume.* Verba mea auribus percipe.

Antienne. In misericordiæ
Multitudine
Deum adorabat,
Qui conscientiæ
Rectitudine
Cœlis inhyabat.

Chapitre. Regi sæculorum immortali, invisibili, soli Deo, honor et gloria in sæcula sæculorum. Amen.
Deo gratias.
Verset. Jesu Christe, prece Ludovici, — miserere nobis.
Respons. Nos a fraude servans Inimici, — miserere nobis.
Verset. Gloria Patri, etc.
Respons. Jesu Christe, prece Ludovici, — miserere nobis, etc.
Oremus (oraison). In hac hora hujus diei, tua nos, Domine, reple misericordia, ut, beati Ludovici laudibus insistens, a cunctis, ejus intercessione, periculis eruamur. Per Dominum, etc.

CI COMMENCE TIERCE DE SAINT LOUYS.

Deus, in adjutorium, etc.

Ympne. *Nunc, Sancte nobis Spiritus,*
Laudis præbes materiam :
Nam Ludovicus inclitus
Jam cœli tenet gloriam.

Cum hic adhuc adolescens
Studeret conscientiæ,
Semper in virtute crescens,
Rex est effectus Franciæ.

Præsta, Pater piissime, etc.

Antienne. Gloria et honore. *Pseaume.* Domine [Deus] noster, quam admirabile est nomen tuum in universa terra.

Antienne. Gloria et honore
Regnat rex honoratus,
Qui semper in amore
Dei fuit firmatus.

Chapitre. In omnibus gentibus non erat rex similis ei et dilectus Deo suo erat, et posuit eum Dominus regem super Israel. Deo gratias.

Verset. Anima illius erat placita Deo.

Respons. Propterea, properavit illum educere de medio iniquitatum.— Erat placita Deo, etc.

Oremus (oraison). Deus, per quem reges regnare noscuntur concede propitius ut qui beati Ludovici merita gloriosa recolimus, ejus apud te suffragiis adjuvemur. Per Christum, etc., etc.

Ci commence Midi de sainct Louys.

A midy. Deus, in adjutorium, etc.

Ympne. *Rector potens, verax Deus,*
Amore tui nominis,
Dimisit rex spontaneus
Terram sui regiminis.

Hic, pro fide christiana,
Transfretavit, quem graviter,
Captum duxit gens prophana,
Quod portavit humiliter.

Præsta, Pater piissime, etc.

Antienne. Habitabit. *Pseaume.* Domine, quis habitavit in tabernaculo tuo.

Antienne. Habitabit in tabernaculo
Domini gloriose,
Quia vixit in isto sæculo
Rex noster virtuose.

Chapitre. In vinculis non dereliquit eum Dominus, donec afferret illi sceptrum regni et potentiam adversus eos qui eum deprimebant. Deo gratias.

Verset. Glorificavit illum Dominus. In conspectu regum.

Respons. Et unxit illi cor populi sui. In conspectu regum. Gloria, etc.

Oremus (oraison). Annue nobis, Domine, quæsumus, ut, sicut beatus Ludovicus, confessor tuus, in terris tibi digne famulari meruit; ita, nos facias ejus apud te precibus adjuvari. Per Christum, etc.

Ci commence None de saint Loys.

Deus, in adjutorium, etc.

Ympne   *Rerum, Deus, tenax vigor,*
              Ludovicum justitiæ
              Semper sociavit rigor
              Cum virtute clementiæ.

              Eidem in reverentia
              Semper jubere studuit
              Nec in hac indecentia
              Verba proferre voluit.
              Præsta, Pater piissime, etc.

Antienne. In virtute [Domini]. *Pseaume.* Domine, in virtute tua.

Antienne.   In virtute Domini
              Rex sanctus lætatur;
           Nunc Sanctorum agmini
             Junctus gloriatur.

Chapitre. Magnificavit eum Dominus regem super omnem Israel, et dedit illi gloriam qualem nullus habuit ante eum rex. Deo gratias.

Verset. In fide et lenitate ipsius. — Sanctum fecit illum.

Respons. Et elegit eum ex omni carne.— Sanctum fecit illum, etc.

Oremus (oraison). Beati Ludovici, confessoris tui, quæsumus, Domine, nobis preces gloriosæ subveniant, quem de curia terreni regiminis ad cœlestis regni curiam perduxisti. Per Christum, etc.

Ci commancent Vespres de saint Loys.

Deus, in adjutorium, etc.

Antienne. Rex innocens manibus atque corde mundo. *Pseaume* Domini est terra.

Antienne
> Rex innocens manibus
> Atque corde mundo
> Regnat cum cœlestibus
> In regno jocundo.

Chapitre. Benedictus Dominus Deus patrum nostrorum, qui dedit hanc voluntatem in corde regis clarificare domum suam quæ est in Hierusalem. Deo gratias.

Ympne
> *Lucis creator optime,*
> Ludovicus, dum regeret [1],
> Subjecit corpus animæ
> Ut virtuose viveret.
>
> Ludos vincens Ludovicus
> Sæcularis lasciviæ,
> Cunctæ fuit inimicus
> Et destructor malitiæ.
>
> Cum mancipatur carceri
> Liber amissus cernitur [2]
> Et petens miles fieri
> Digne repulsam patitur.
>
> Virtuosum se reddidit
> Verbo, signis et gratia
> Cum successori tradidit
> Documenta salubria.
> Præsta, Pater piissime, etc.

---

1. Il faut lire, sans doute, *degeret*.
2. Allusion à la légende du bréviaire perdu et retrouvé, sur laquelle voyez plus haut, p.13, note 3.

Verset. Ora pro nobis, beate Ludovice.
Respons. Ut digni efficiamur promissionibus Christi.
Antienne. Rex per quem Ecclesia — Fuit sublimata.
Pseaume. Magnificat.

Antienne.
    Rex per quem Ecclesia
      Fuit sublimata,
    Per quem tota Francia
      Fuit decorata,
    Cui semper Justitia
      Fuit comitata,
    Nobis, Christi gratia,
      Da regna beata.

Verset. Domine, exaude orationem meam, etc.
Oremus (oraison). Concede, quæsumus, omnipotens Deus, ut beati Ludovici, confessoris tui, merita gloriosa nos ad cœlestia regna promoveant, quem de regno Franciæ ad regnum gloriæ transtulisti. Per Dominum, etc.

    Ci finent Vespres de monseigneur saint Loys.

Ci commence Complie de monseigneur sainct Loys, roi de France.

Converte nos, etc.
Antienne. Mirificavit. *Pseaume.* Cum invocarem.

Antienne
    Mirificavit Dominus
    Sanctum regem Francorum,
    Cujus nunc est terminus
    In regno beatorum.

Chapitre. Consummatus in brevi, explevit multa tempora : placita enim Deo erat anima illius. Deo gratias.
Verset. In manus tuas, etc.

Ympne
    Te, lucis ante terminum,
    Christe sacramentaliter,
    Recepit rex et [Dominum]
    Confessus est humiliter.

Quod, finito certamine,
Vivat nunc rex in sæcula
Cum beatorum agmine,
Probant plura miracula.
Præsta, Pater piissime, etc.

Verset. Non recedet memoria ejus.
Respons. Et nomen ejus exquiretur.
Antienne. Salva nos .... Nunc dimittis.

Antienne.   Salva nos, Domine, vigilantes,
Ludovicum venerantes,
Ut precibus ejus adjuti
Quiescamus in hac nocte tuti.

Verset. Domine, exaudi, etc.
Oremus (*oraison*). Accepta tibi, Domine, sint nostra servitia qua nos, interveniente beato Ludovico, confessore tuo, ad præmia perducant æterna. Per Christum, etc.

Ci commence memoire des reliques et de tous martyrs [1].

Antienne. Isti etenim, etc.
Oremus. Propitiare, etc.
Aultre oraison des Martyrs. Præsta, quæsumus, etc.

Ci commence commemoration de saint Louys de Marseille,
de l'ordre des freres meneurs.

Ludovicus est ingressus
Cœli tabernacula,
Semper suæ vitæ gressus
Servans sine macula.

---

1. Bien que ce qui suive ne fasse plus partie de l'office de saint Louis, nous avons cependant cru devoir le publier ici, ce titre accompagnant la miniature dont est sortie notre planche XI, comme le titre suivant accompagne la composition qui a donné naissance à notre planche XII.

Verset. Elegit eum Dominus sacerdotem sibi.

Respons. Ad sacrificandum hostiam laudis.

Oremus. Deus, qui Ecclesiam tuam dispensatione mirabili novis semper illustras miraculis et sanctorum splendoribus, tribue, quæsumus, ut qui beati Ludovici, confessoris tui atque pontificis, memoriam veneramur ad ejus consortium pervenire feliciter mereamur. Per Dominum, etc.

Domine, exaudi orationem meam
Et clamor meus ad te veniat.
Benedicamus Domino.
Deo gratias.

Ci commence une tres especial oraison de Notre Dame.

Deprecor, o Domina sanctissima Maria, etc. [1].

A tous ceulx qui diront ceste oraison qui s'ensuit, entre l'elevation du corps Nostre Seigneur et le tiers *Agnus Dei*, deux mil ans de vray pardons sont donnez et octroyez par le pape Boniface VI[II] qui les donna à la supplication de feu Philippe, roy de France, et il est certain que le pape Clement VIIe la bailla à messire Pierre de Gyac, jadis chancellier de France, laquelle est escripte en Jherusalem emprès l'autel du Saint Sepulcre, et, affin que ce soit plus ferme à croire, il y a de ce à Paris bulles au tresor du Roy qui en sont signées en rouge escripture [2].

Domine Jesu Christe, qui hanc sacratissimam carnem de glorioso Virginis Mariæ utero assumpsisti et pretiosum sanguinem de sacratissimo Patre tuo pro salute nostra in ara Crucis effudisti, et in hac

---

1. Voir, pour la suite de la prière, plus haut, p. 46-47.
2. Cette note et, par conséquent, la prière qu'elle annonce ont été écrites dans le livre d'heures de la reine de Navarre, postérieurement à l'année 1388, date à laquelle Pierre de Giac quitta la chancellerie de France. Il est presque inutile de relever ce qu'il y a d'étrange, au point de vue de la diplomatique, dans les derniers mots de l'avertissement.

gloriosa carne a mortuis resurrexisti, et ad cœlos ascendisti, et iterum venturus es judicare vivos et mortuos in eadem carne, libera nos, per hoc sacrosanctum corpus tuum quod modo in altari tractatur, ab omnibus immunditiis mentis et corporis, et ab universis malis et periculis nunc et in perpetuum. Amen. Qui me plasmasti, miserere mei et totius populi christiani. Amen.

TABLE

Introduction... 1

I. La Vie de saint Louis peinte au monastère de Lourcines; description faite par Peiresc des quatorze tableaux qui la composaient.. 13

II. Livre d'heures de Jeanne II, reine de Navarre; notice rédigée par Peiresc, en 1621.. 21

III. Office de saint Louis, d'après le livre d'heures de Jeanne II, reine de Navarre 53

Table.. 67

PLANCHES

Monastère de Lourcines.

I. Croquis des tableaux ii et iii de la Vie peinte au monastère de Lourcines (pp. 2 et 13-15).

Sainte-Chapelle de Paris.

II. Tête de saint Louis, d'après le tableau du Lavement des pieds (pp. 5-6).
III. Saint Louis captif (pp. 3, 7 et 13).
IV. Le lavement des pieds (pp. 3, 7 et 19).
V. Saint Louis recevant la discipline (pp. 3, 7 et 17).
VI. Saint Louis donnant à manger à un religieux lépreux (pp. 3, 7 et 18).

Livre d'heures de la reine de Navarre.

VII. Le voyage du sacre (p. 32).
VIII. Le sacre (p. 33).
IX. Le couronnement (p. 34).
X. La translation de la couronne d'épines (p. 34).
XI. L'autel de la Sainte-Chapelle de Paris (p. 37).
XII. Saint Louis, évêque, servant les pauvres à table (p. 50).
XIII. L'étude (pp. 10 et 31).
XIV. La prière (pp. 10 et 32).
XV. La mort de saint Louis (pp. 10 et 35).
XVI. Les funérailles (pp. 10 et 36).

69

habyt du fedor fois blanc
a cheual d'Estu du blu

De la ville S. Loys peincte au monestere
des Cordelliers du Faulxbourg S. Marcel
a Paris.
ou est l'image du Souldan qui prist S. Loys

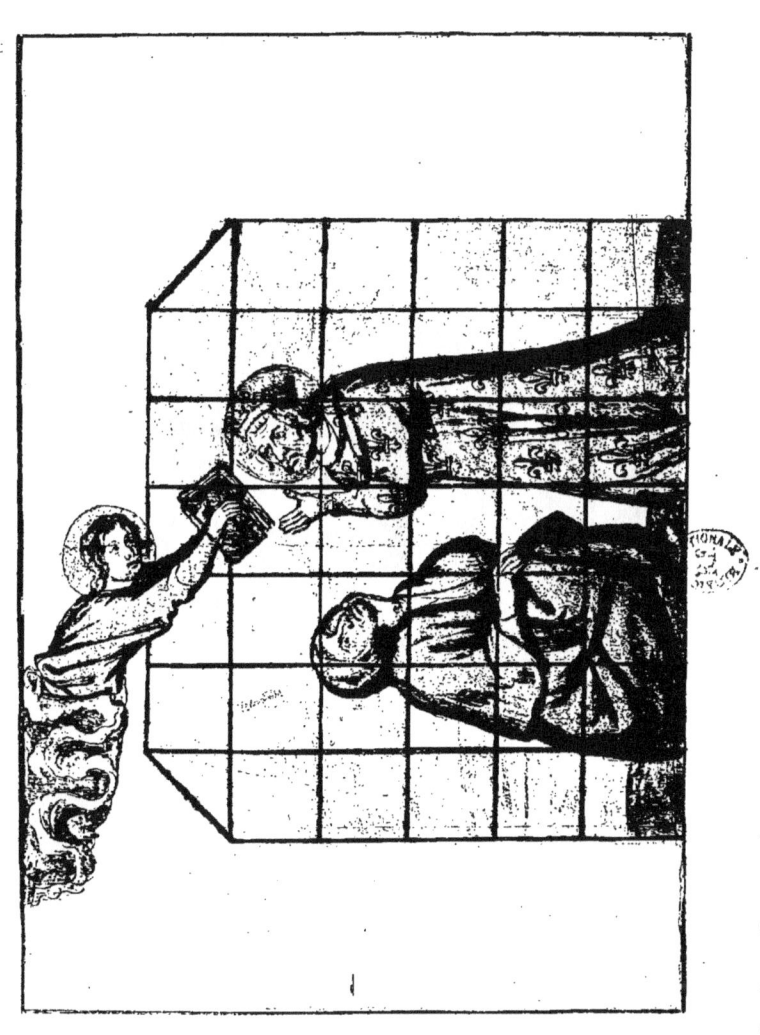

IV

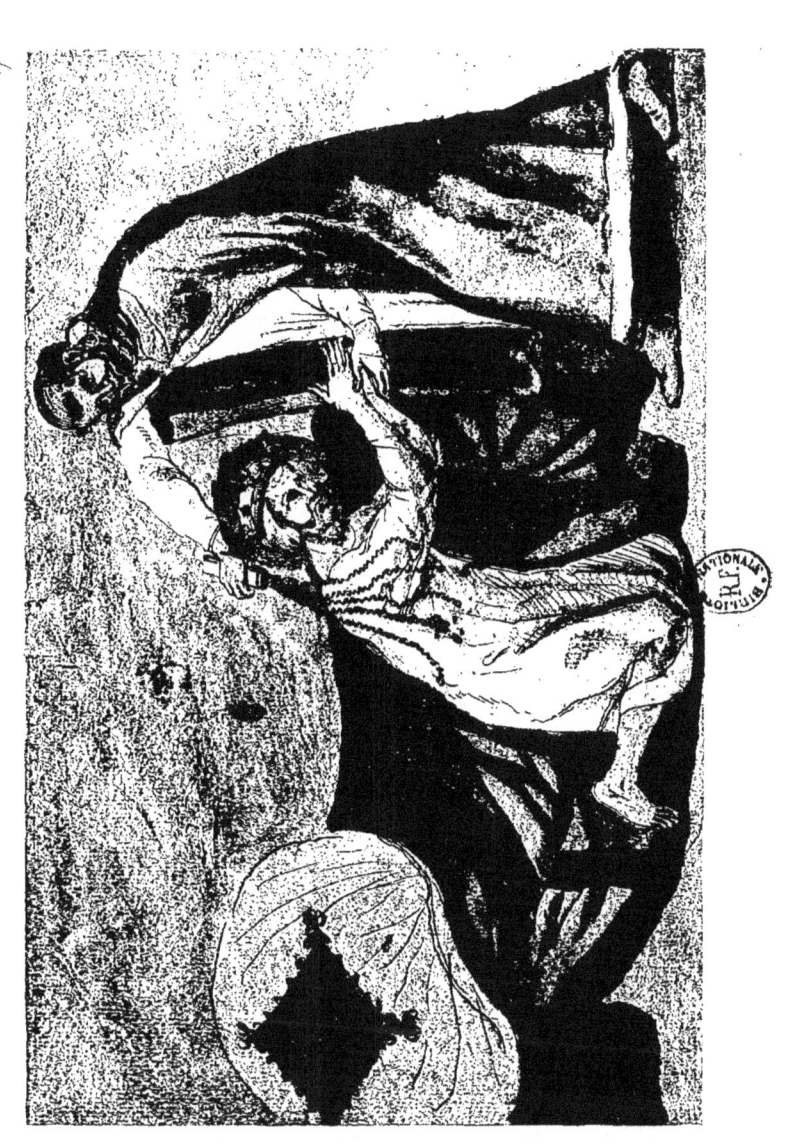

VII

VIII

IX

X

XI

XII

XIII

XIV

XV

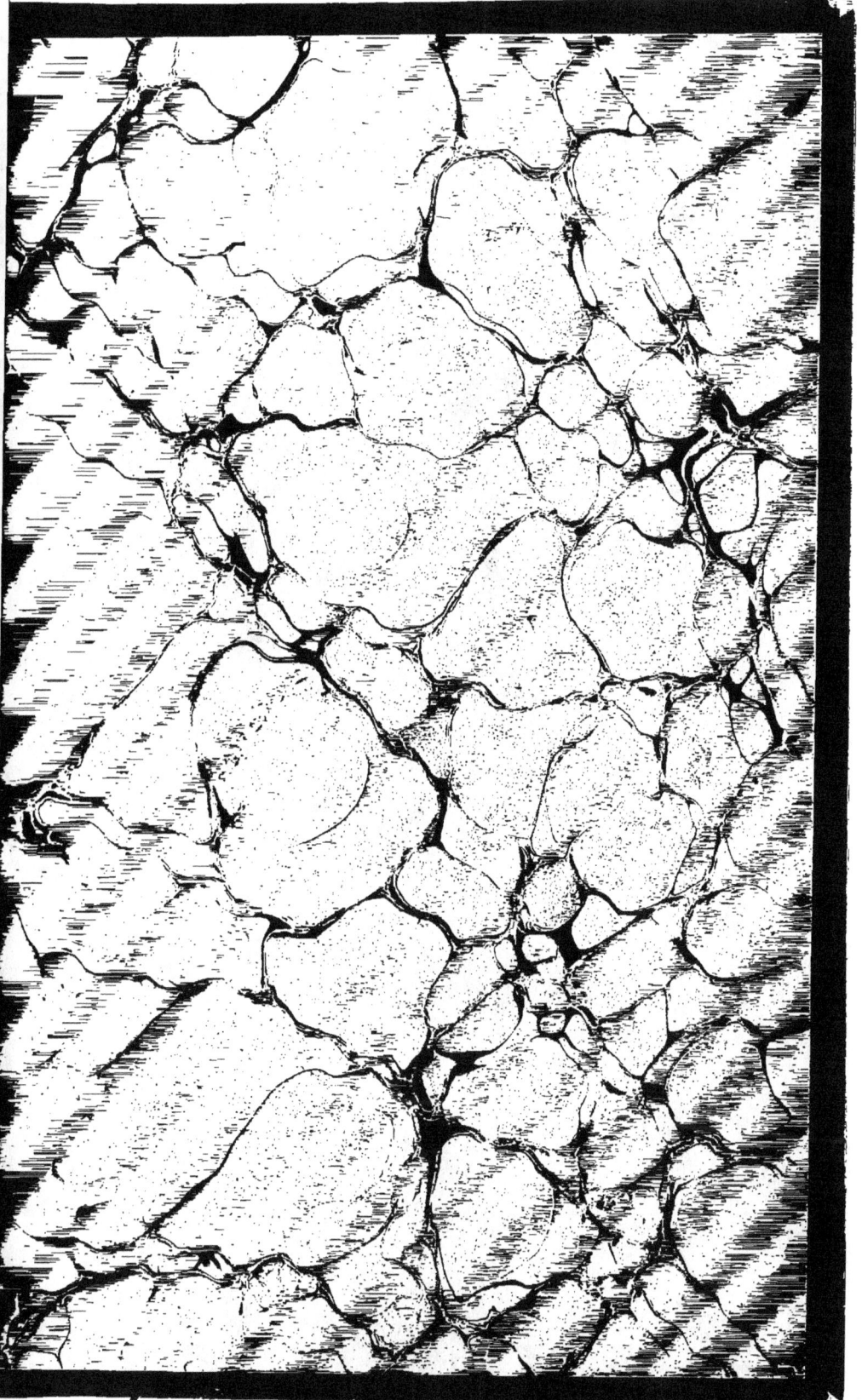

www.ingramcontent.com/pod-product-compliance
Lightning Source LLC
Chambersburg PA
CBHW070533100426
42743CB00010B/2070